PROSPERIDAD

LOLA SORRIBES

PROSPERIDAD

7 PODERES PARA MANIFESTARLA

KEPLER

Argentina – Chile – Colombia – España
Estados Unidos – México – Perú – Uruguay

Copyright © 2022 *by* Lola Sorribes
All Rights Reserved
© 2022 *by* Ediciones Urano, S.A.U.
Plaza de los Reyes Magos, 8, piso 1.º C y D – 28007 Madrid
www.edicioneskepler.com
www.edicionesurano.com

ISBN: 978-84-16344-68-0
E-ISBN: 978-84-19251-19-0
Depósito legal: B-4.753-2022

Fotocomposición: Ediciones Urano, S.A.U.

Impreso por: Romanyà Valls, S.A. – Verdaguer, 1 – 08786 Capellades (Barcelona)

Impreso en España – *Printed in Spain*

A mi padre, Amado Sorribes Feliu, mi primer Maestro,
que gracias a su ejemplo de generosidad,
positividad y gratitud con la vida, me ha ayudado
a ser la mujer próspera que Yo Soy hoy.

Estés donde estés, te quiero papá.

Índice

PRIMERA PARTE:
EL ENCUENTRO DEL TESORO

SEGUNDA PARTE:
LOS SIETE PODERES

PRIMERA PARTE:
EL ENCUENTRO DEL TESORO

Busca y encontrarás.
Todo lo que yo hago, lo podéis hacer vosotros.

JESÚS EL CRISTO

Este libro contiene las claves para acceder al maravilloso wifi espiritual y conseguir la prosperidad que mereces. Deseo de todo corazón que la lectura de sus páginas acaricie tu alma y puedas beneficiarte de sus divinas informaciones que activarán tu conciencia y te guiarán en tu viaje interior hacia la verdadera prosperidad.

Mediante sus 7 poderes y una serie muy útil de ejercicios prácticos para obtener resultados en el menor tiempo posible, podrás disfrutar de las bendiciones que marcarán un antes y un después en tu vida y te convertirán en una persona próspera e inmensamente feliz.

1

MI PRIMER MAESTRO: EL REY MIDAS

Desde que tengo memoria, he estado interesada en descubrir los códigos secretos que hay detrás de la materialización de la abundancia.

Y, a medida que escribía este libro, me di cuenta de que sin saberlo fue mi padre quien grabó a fuego en mí la conciencia de la prosperidad. Gracias a él, que era agradecido, generoso y que ante cada acto cotidiano repetía lo que ahora sé que eran mantras de prosperidad, como este: «Qué bien vivimos, Lolita, nuestra vida es de ricos», así, cuando me casé con un hombre rico, pude convivir con la gente de la alta sociedad y sentirme cómoda.

Eso fue lo que me llevó a escribir este libro y lo que me propuse transmitir. He querido poner una luz en tu interior, querido lector. Ojalá pudieras ver la vida como la veía mi padre valorando aquello que hay de luminoso en cada situación y confiando así en que vas a lograr tu propósito.

En principio, confía en que tienes las alas necesarias para volar alto. A partir de ahora, imagina que las despliegas como una mariposa.

Quizás, la conciencia de prosperidad y la falta de conciencia de clases se irradiaban en mí. Lo cierto es que mi primer marido era muy rico, hijo de una familia acomodada y reconocida de Barcelona y yo no tenía frente a esa familia ninguna sensación de inferioridad. Ahora sé que también eso era fruto de la labor educativa que mi padre, sin querer, hizo conmigo.

Mi primer trabajo fue como secretaria del consejero delegado de una multinacional europea que un buen día me presentó a su hijo, diciéndome que acababa de licenciarse en Economía y que sería el nuevo director de la compañía. Y a partir de ese momento, yo sería su secretaria personal y le ayudaría a conocer los pormenores de la empresa.

Pronto surgió entre nosotros una atracción muy grande, un flechazo que terminó en boda al cabo de poco tiempo. Lo interesante fue que, la primera vez que salimos juntos, me preguntó dónde vivía, en qué calle, y yo se lo dije tranquilamente.

—¿A qué clase social perteneces? —agregó cuando estábamos llegando.

Extrañada por la pregunta, le respondí sin dudar y con naturalidad:

—Mi familia es de clase media alta —pues así me sentía yo.

Entonces él me tomó las manos con mucho cariño, las besó y me respondió:

—Ahora todavía me gustas más, tienes la autoestima muy alta, Lola, esta calle y este barrio pertenecen a una de las zonas más pobres de Barcelona, yo creo que tú eres pobre.

Entonces, sin que me afectara su comentario, le repetí las frases que mi padre había grabado a fuego en mi mente, y que yo le había escuchado decir durante toda mi vida:

—Yo soy rica: como todos los días las mejores viandas, tengo más ropa de la que puedo necesitar, tengo zapatos de repuesto y además los domingos y días de fiesta en casa hacemos el aperitivo y comemos paella.

Creo que todavía se estará riendo de mi comentario. Hay que decir que en ese momento yo todavía no había cumplido los 18 años.

El día que me llevó por primera vez a su casa, entendí el motivo de su sorpresa cuando me acompañó a la mía. Vivía en Paseo de Gracia, en un edificio antiguo del Eixample, propiedad al completo de su familia. Las escaleras de mármol me recordaron a la casa de la película *Lo que el viento se llevó*; de los pisos, el más pequeño tenía quinientos metros cuadrados. Jamás había estado en un edificio tan lujoso, los techos eran de madera pintados en oro y colores, y cuando llegamos a su casa y el mayordomo nos abrió la puerta, lo entendí todo. El salón comedor era cuatro veces el tamaño de mi casa, la mesa enorme ovalada estaba lujosamente montada con manteles de hilo, cubiertos de plata, cristalería fina y había cuatro copas distintas para cada comensal. Ni en las bodas había visto yo algo parecido, sin contar las dos camareras que nos servían la comida y el vino, y estaban atentas a cualquier cosa que nos hiciera falta.

Así supe que había clases, aunque yo en mi interior me sentía bien con la mía y jamás me sentí extraña ni inferior en su casa. Al revés, con el tiempo pude constatar que el dinero, los pisos y los barrios no son la verdadera prosperidad. La conciencia de prosperidad se lleva en el corazón y te permite disfrutar y agradecer todo lo que tienes, dejando así la puerta abierta para que llegue más y más.

Gracias, gracias, gracias, a mi querido padre que, sin saberlo, forjó en mí la conciencia de prosperidad, desde los primeros años de mi vida.

Al hacerme sentir próspera y rica, me proporcionó confianza y así se desarrolló mi intuición. Vivía con mis padres en una casa muy humilde en una calle muy humilde del barrio de Sants de Barcelona. Sin embargo, sin apenas saber leer ni escribir, gracias a su visión positiva y a su carácter agradecido y generoso, lo recuerdo como un sabio. Con el tiempo, pude reconocer todos los «decretos» y «afirmaciones» que salían de su corazón, que a menudo repetía, y que se fueron grabando en mi mente. Esos fueron los cimientos de mi personalidad, que me han permitido vivir la vida con una visión de confianza y certeza de que la provisión de alimentos y de todo lo que podemos necesitar es algo natural y fácil para las personas que sienten gratitud por la vida y la expresan a su manera. Él tenía esa capacidad de agradecer y disfrutar de todo, y compartirlo. A la vez, tenía la capacidad de convertir en momentos mágicos los momentos cotidianos.

En suma, mi padre fue como el rey Midas, que convertía en oro todo lo que tocaba, lo material y lo espiritual. De eso se trata. Verás que es un mentor en este libro.

Así, tras mis años de práctica en la consulta, el encuentro del pequeño libro y mi propia experiencia, di con los 7 poderes que desarrollo en este manual de la verdadera prosperidad:

1. **El poder de una mente próspera**
2. **El poder de la imaginación**
3. **El poder del corazón (nuestro segundo cerebro)**
4. **El poder del Yo Soy**
5. **El poder de la confianza**
6. **El poder de los milagros**
7. **El poder de la felicidad**

Cuando hayas incorporado la práctica de los 7 poderes que te propongo, tu frecuencia vibratoria se elevará exponencialmente y, sin darte cuenta, en paralelo, tu vida dará un giro de 180 grados. Reconocerás lo que te beneficia y lo que no te sirve para tus propósitos, y te sorprenderás de los regalos y las bendiciones que colmarán tu día a día. Con los ejemplos y los casos concretos verás que tú también puedes alcanzar tu deseo.

Por consiguiente, te propongo que te atrevas a ser una persona próspera entendiendo muy bien lo que esto significa, y teniendo en cuenta que es más sencillo de lo que puedas imaginarte.

No te extrañes, siempre es así, simplemente estarás recogiendo la cosecha de tu práctica en todas las áreas de tu vida.

¿Te atreves? Pues vamos allá.

2

MI INTUICIÓN ME ABRIÓ EL CAMINO

Intuía que debía existir una conexión entre la riqueza material y la espiritualidad, entre la prosperidad y la felicidad. Porque si bien la riqueza otorga poder, ese poder no otorga automáticamente la felicidad. ¿Pero cuál era esa conexión? ¿Estar en contacto con la riqueza y actuar como un rico atrae más riqueza? ¿Vivir en la pobreza y actuar como un pobre atrae más pobreza? Estas y otras muchas preguntas bailaban en mi mente. Sospechaba que las respuestas estaban en algún lugar. Solo tenía que seguir buscando para encontrarlas.

Con el afán de saber cómo acceder a la distribución de la abundancia que existe en el Universo, empecé a indagar en la vida de los hombres más ricos y poderosos del planeta. ¿Cómo habían logrado amasar sus grandes fortunas? ¿Pero acaso lograr sus objetivos materiales les había convertido en personas más evolucionadas y dichosas que el resto de los mortales?

Descubrí con sorpresa, y no menos decepción, que detrás de la vida de muchos grandes magnates había también grandes tragedias, y que el hecho de haber amasado tanto dinero, no les había proporcionado la felicidad ni la evolución humana necesarias para permitirles disfrutar plenamente de sus logros.

Mi intuición me decía que el verdadero problema no solo era alcanzar el bienestar económico, sino cómo disponer del dinero y disfrutarlo siguiendo las indicaciones del Yo Superior y no del ego.

Me preguntaba de dónde provenía mi intuición y pronto encontré la respuesta, al buscarla en las huellas de mi infancia.

El hallazgo

Paseando por la zona antigua de Barcelona, encontré una vieja librería que me atrajo como un imán. Guiada por un presentimiento, me asomé al interior y me asombré al comprobar que era más grande de lo que su humilde puerta de entrada hacía prever.

Estaba cubierta de vetustas y enormes estanterías de madera torneada repletas de libros que alcanzaban el techo. Pensé que en su día debieron lucir espléndidas, pero ahora, con el paso del tiempo y la falta de mantenimiento, habían perdido su esplendor. Se respiraba la decadencia.

Convencida de que algo encontraría en aquel lugar, removí las montañas de libros, durante varias horas, buscando uno especial que me ayudara a constatar que mi visión sobre la verdadera prosperidad era cierta.

Tras hojear sin descanso infinidad de ejemplares, cayó en mis manos un pequeño libro amarillento y lleno de polvo, en cuya cubierta leí una frase que llamó poderosamente mi atención:

La manifestación de la verdadera prosperidad debe venir siempre acompañada de una práctica que radica en el ámbito de lo invisible.

Esta idea tocó mi corazón de tal forma que por un momento perdí de vista el entorno. Para mí, lo que el libro nombraba como invisible era lo espiritual. Lo traduje así:

La verdadera prosperidad debe venir siempre acompañada de una práctica que te conecte con el plano espiritual.

El Universo y mi perseverancia habían puesto este libro en mis manos. Seguí leyendo. En sus desgastadas páginas vislumbré la información que intuía desde hacía tiempo. Ahora encajaban las piezas del puzle que bailaban en mi cabeza hasta ese instante: la verdadera prosperidad estaba al alcance de todos. El secreto era que se encontraba en el plano espiritual, solo había que conocer los poderes que nos conducían a ella y el *modus operandi* para que se manifestase en nuestra vida.

Emocionada por el hallazgo, comprendí que había llegado el momento de transmitir mis experiencias y conocimientos al mundo y las pautas necesarias para recorrer el camino que llevaba hacia la manifestación de la prosperidad en el plano físico. Ahora me tocaba analizar los casos de tantas personas a las que había ayudado con diversos ejercicios, y sacar nuevas informaciones.

Llegué a la conclusión de que la verdadera prosperidad nos hace más felices si proviene de una conexión evidente con la conciencia y con la espiritualidad. Como afirmaba Shakespeare, «la conciencia es la brújula del hombre». Y supe que iba en una buena dirección.

De hecho, esto me ocurre en la actualidad con mis pacientes: hay un instante en la consulta en que mi intuición me alerta como una campanada, y me proporciona la información precisa que necesito para ayudarlos en su proceso. Esa misma intuición es la que me confirma ahora que estoy en el camino y que he de seguir con mis antenas preparadas.

3

LOS SECRETOS DEL ÉXITO

Este es un capítulo que contiene condensados para que te sitúes los pilares que sostienen la prosperidad y que amplío en este libro. El éxito implica placer, pero fundamentalmente debería responder al estado de felicidad.

Para alcanzar ese estado, escucha lo que dice la neurociencia. Te enseña cómo puedes condicionar tu cerebro para alcanzar tus propósitos.

Se refiere al sistema de activación reticular (RAS), situado en la base del cerebro, que permite que el cerebro reciba los mensajes que son importantes para ti. En este sentido, si estás enfocado en ser próspero, el RAS filtra los mensajes que contribuyen a ello.

Los 16 peldaños que te conducen al éxito

PRIMER PELDAÑO
ESTAR ATENTO Y CONSCIENTE A LO QUE TE RODEA

Como bien decía el Maestro Buda a sus discípulos: «Tenemos una boca y dos orejas para escuchar el doble de lo que hablamos».

Para aprender hay que escuchar, y para escuchar hay que estar en el presente, en el «aquí y ahora».

Cada persona con la que interactúas tiene el potencial de convertirse en un maestro para ti, tiene la capacidad de comentarnos algo que nos dé la pista para empezar a subir la escalera del éxito y la prosperidad personal.

En este sentido, también dijo Buda:

«No busques la amistad de quienes tienen el alma impura; no busques la compañía de hombres de alma perversa. Asóciate con quienes tienen el alma hermosa y buena».

Practiquemos la curiosidad y el interés por los demás, y nos sorprenderemos de las cosas que podemos aprender. Es importante abrir la mente y aceptar y valorar las diferentes opiniones para tomar de cada una de ellas lo más conveniente para nuestros proyectos.

Las experiencias de los demás son valiosas y evitan repetir errores. Escucha el doble de lo que hablas y te sorprenderás del resultado.

SEGUNDO PELDAÑO
SER CONSCIENTE DE TUS FORTALEZAS Y TUS DEBILIDADES

Conocer tus puntos fuertes y utilizarlos para avanzar en tu camino hacia la prosperidad y el éxito te permitirá utilizar los recursos naturales que tienes y compartirlos con el mundo.

Si eres una persona empática, simpática y alegre, pon en marcha tus capacidades para crearte un entorno de personas que estén en tu misma frecuencia y que por lo tanto te podrán ayudar con más facilidad.

Saber reconocer tus flaquezas evitará que cometas errores y que emprendas iniciativas que no van contigo y no te darán felicidad, y por consiguiente no serán prósperas para ti.

TERCER PELDAÑO
RODEARTE Y CONECTAR CON PERSONAS QUE TE RESULTEN ESTIMULANTES

«Dime con quién andas y te diré quién eres», dice el refrán, y nunca un dicho popular fue más cierto. Si queremos lograr prosperidad y sentirnos exitosos y satisfechos, estar rodeados de personas que ya lo han conseguido, o que están en la misma vibración, favorecerá nuestros proyectos. Por ley de atracción, estar con gente próspera y realizada es más estimulante y favorecedor para nuestros logros.

Y, al contrario, si estás con personas negativas, perezosas y desmotivadas, su vibración bajará la tuya y no te ayudará a lograr tus metas.

Por ejemplo, si quieres disfrutar e inspirarte para tener buenas ideas, ¿dónde estarás mejor, en un bonito paraje, con flores, luz y tranquilidad o en un sótano oscuro, húmedo y sin ventilación?

Imagínalo y entenderás el valor del entorno.

Así pues, valorar el entorno, entenderlo, empatizar con él, y que te resulte estimulante es muy importante para lograr el éxito y la prosperidad.

CUARTO PELDAÑO
ATREVERTE A PREGUNTAR

La curiosidad sana en forma de preguntas que demuestren un interés personal hacia nuestro interlocutor te permite aprender mucho acerca de la otra persona, y crearás así vínculos interesantes con ella. Preguntar a personas exitosas te ayudará a saber cómo han logrado sus objetivos, y qué herramientas personales, emocionales y mentales han utilizado para alcanzar sus logros.

Saber preguntar es importante. Hay que hacerlo demostrando un interés sincero acerca de la otra persona, valorando y empatizando con cada respuesta que nos dé. Durante nuestra sesión de preguntas será bueno también dar información acerca de ti mismo, para que tu interlocutor no se sienta agobiado con tu conversación. Más bien, debería sentir agrado por el interés que muestras hacia él y sus asuntos.

QUINTO PELDAÑO
DESARROLLAR LA CAPACIDAD DE VER LA PARTE BUENA DE LAS PERSONAS Y DE TODAS NUESTRAS VIVENCIAS Y EXPERIENCIAS

Cuando somos capaces de ser benevolentes con los demás, y nos fijamos en sus partes positivas, estamos obteniendo la posibilidad de aprender más acerca de la otra persona. Se trata de un aprendizaje, la lección de vida que hay detrás de todo lo que nos pasa.

Si actúas de este modo, se ampliará tu visión interior y sabrás captar las oportunidades que hay siempre detrás de todas las cosas que vives y experimentas. El camino de las personas sabias empieza por saber ver la oportunidad detrás de hechos que a simple vista aparentan ser negativos.

Por ejemplo, si un mendigo se acerca a pedirte unas monedas, te está dando la oportunidad de ser generoso y de dar. Ya sabes que, cuando das, estás sembrando buenas semillas que te darán frutos en tu presente o en un futuro cercano.

SEXTO PELDAÑO
AVERIGUAR SI TUS PENSAMIENTOS VAN DE ACUERDO CON TUS CREENCIAS

Cuando tus pensamientos e ideas van por un lado, y tus creencias van por otro lado, estás dividiendo tus fuerzas. Es conveniente que la mente consciente y la subconsciente vayan de la mano para que no se bloqueen tus proyectos y propósitos.

Por ejemplo, si piensas que quieres comprarte un coche, pero tienes la creencia de que los coches son un problema, estás bloqueando el proyecto de comprar un coche. A esto me refiero cuando hablo del sexto peldaño.

Es muy importante que seas consciente de que tus pensamientos y tus metas estén alineados con tus creencias, así la manifestación será más fácil y pronta.

Cuando hagas una lista de cosas que quieres lograr, deja espacio al lado para averiguar si hay alguna creencia interior que puede bloquear tu pensamiento o tu deseo.

Por ejemplo, si tienes un carro con dos caballos, un caballo camina hacia la derecha (tu pensamiento) y el otro caballo camina hacia la izquierda (tus creencias), ¿dónde llegarás con tu carro? A ningún lugar, porque tus pensamientos te llevan a un lado, y tus creencias al lado contrario.

SÉPTIMO PELDAÑO
PERDONAR Y ACEPTAR TUS ERRORES TE PERMITE EVOLUCIONAR

De todos es sabido que nuestro planeta Tierra es un lugar donde venimos a aprender, a interaccionar con otras personas y a superar pruebas que la propia vida nos presenta.

No estamos programados para el acierto absoluto, somos tan perfectos que disponemos del libre albedrío, que nos permite decidir a cada momento qué opción tomar o qué respuesta damos a las diferentes situaciones que la vida nos presenta. Bajo esta visión y desde esta perspectiva, debes aprender a perdonar y aceptar los errores para evolucionar y avanzar.

Ser benévolo contigo mismo te brinda la oportunidad de cerrar capítulos del pasado y aprender de todo lo vivido. Los errores son grandes maestros si sabemos aprender de ellos, y esta es la manera de no repetirlos.

OCTAVO PELDAÑO
INFORMARTE Y LEER ACERCA DE TUS PROPÓSITOS

La información es poder, reza el dicho popular, y nunca mejor dicho. Si tenemos un propósito y queremos materializarlo pronto, el hecho de buscar literatura que nos hable acerca de aquello que queremos lograr nos ayudará a tener una visión más amplia y a subrayar nuevas ideas que quizás no habías contemplado ni pensado.

Hacer esta tarea de investigación a través de la lectura y subrayar todo lo que te parezca importante para tu proyecto te ayudará a encontrar un enfoque más amplio y te permitirá ser más creativo con tu propósito.

¿Qué leer?

Todo vale. Periódicos, libros de ensayo, manuales orientativos como este, novelas, relatos breves, frases de pensadores, biografías de personas que lucharon y alcanzaron la prosperidad, es decir, tanto la no ficción como la ficción. El secreto es leer con tu propósito en el pensamiento y con la actitud del detective.

NOVENO PELDAÑO
ACEPTARTE COMO ERES Y NO BUSCAR QUE SE ADAPTEN A TI, NI TÚ TE ADAPTES A LOS DEMÁS

Dos personalidades que sean empáticas tienen más capacidad de visión y de creación que una sola. Aceptarte y aceptar a los demás te permite ampliar la visión de las cosas y abre tu mente a nuevas miradas y visiones acerca de aquello que quieres obtener. Desde tu propia libertad se puede ser más creativo y enriquecer los proyectos.

DÉCIMO PELDAÑO
SER INDEPENDIENTE Y SEGURO DE TUS CONVICCIONES

Creer en tus proyectos y no estar pendiente de las opiniones de los demás te ayudará a llegar antes a la meta. Cuando dudas de tus objetivos y le otorgas importancia a la aprobación y a los halagos de los demás, estás entreteniéndote en el camino, dando muestras de falta de convicción y seguridad en tu meta.

La autoestima es muy importante para lograr tus objetivos, procura sentir que estás bien anclado sobre tus chakras que te conectan con la Madre Tierra y con el Cielo.

UNDÉCIMO PELDAÑO
NO RENDIRTE, LA PERSEVERANCIA ES UN INGREDIENTE ESENCIAL PARA EL ÉXITO

«El que persevera alcanza», viejo proverbio. Cuánta razón tiene ese dicho popular. La perseverancia es un ingrediente esencial para lograr la prosperidad y el éxito en tus emprendimientos. Rendirse ante las adversidades es uno de los obstáculos más frecuentes que hacen que las personas fracasen en sus objetivos. No hay que rendirse, solo así se suben los peldaños que te llevan al éxito.

DUODÉCIMO PELDAÑO
DESPLEGAR LAS ALAS Y ATREVERSE A VOLAR

Para un buscador de la prosperidad y del éxito, es muy importante atreverse a salir de su zona de confort y desplegar las alas que le permitan volar hacia la realización de nuevos objetivos y metas que le hagan más próspero, pero a la vez más feliz. Como dijo un sabio: «Si quieres que te ocurran cosas diferentes, debes hacer cosas diferentes». De lo contrario, si siempre haces lo mismo, es difícil que te sucedan cosas nuevas.

Hay tanta evolución y aprendizaje cuando sales de tu pequeño mundo que este peldaño te invita a que vueles y te atrevas a conseguir aquello que deseas. La energía siempre apoya a los que se arriesgan.

DECIMOTERCER PELDAÑO
SONREÍR A LA VIDA

«Sonríe a la vida, y la vida te sonreirá». Este proverbio contiene la base para que nuestras metas y objetivos sean más fáciles de lograr.

Según el científico Bruce Lipton, cuando sonreímos nuestro cerebro entiende por la posición de los músculos de nuestra cara que estamos felices, y al detectarlo empieza a segregar serotonina y hormonas de la felicidad como la melatonina y la oxitocina. De esta forma, al esbozar una sonrisa empezamos a sentirnos mejor y esa sensación aumenta nuestra frecuencia vibratoria y nuestro bienestar.

Cuando nos sentimos positivos y vibramos alto, somos como antenas para todo lo bueno, y es más fácil que las cosas nos salgan bien y se nos presenten excelentes oportunidades.

DECIMOCUARTO PELDAÑO
RECORDAR QUE, SI UNA PUERTA SE CIERRA, OTRA SE ABRE A CONTINUACIÓN

Dicen que los hombres más ricos del planeta, antes de conseguir el éxito, han tenido que lidiar con algún que otro fracaso, pero no abandonar sus metas es lo que los ha llevado al éxito. Afronta los contratiempos sin rendirte ni hundirte. Si resistes la travesía del desierto, al final encontrarás el oasis.

DECIMOQUINTO PELDAÑO
ESTUDIAR A LOS TRIUNFADORES Y APRENDER DE ELLOS

Es muy importante saber las pautas que han seguido las personas que han conseguido el éxito y la prosperidad y adoptar esas conductas y formas de actuar que los han llevado al éxito. Aprende y toma ejemplo.

DECIMOSEXTO PELDAÑO
TENER CLARAS LAS METAS Y SEGUIR EL CAMINO MÁS CORTO

Tener claras las metas y los objetivos siempre es esencial para empezar a lograrlos. Hacerlo de la manera más alegre y positiva es lo que ayudará a que el camino sea más agradable y divertido: una de las metas principales del juego de la vida es disfrutar con todas y cada una de las cosas que haces. Como dijo Jesús: «Busca primero la felicidad, y después vendrá todo».

Ejercicios prácticos generales

Para ayudar a tu subconsciente a crear tu propósito, te recomiendo:

- Activar la memoria. Genera la motivación. Cuando el cerebro recuerda esa sensación placentera trata de volver a recrearla y entonces buscas nuevas emociones. Al respecto, la neurociencia ha estudiado la forma en que el cerebro recupera y graba los buenos recuerdos para determinar el éxito. El ejercicio consiste en recordar algo muy satisfactorio tantas veces como puedas y verás que eso te impulsa a seguir hacia tus objetivos.

- Meditar. Te ayuda a renovar la programación mental para ser más exitoso, te proporciona calma interior. Es una práctica que promueve la liberación de endorfinas para incrementar tu creatividad y superar tus frenos mentales. El ejercicio de liberar endorfinas para incrementar tu creatividad y superar tus frenos mentales.

- Alimentarte bien. Consume una dieta rica en omega 3 y grasas sanas. Esto puede ayudarte a mantener los niveles de dopamina activos en tu cerebro, al mismo tiempo que incrementa la circulación cerebral.

- Afirmar. Las afirmaciones exactas, claras y definitivas sobre tu propósito, como si en realidad ya existiera, hace que tu mente subconsciente actúe de acuerdo a esa afirmación. Repite tu meta principal cada mañana y cada noche.

- Descansar bien. Duerme lo suficiente, entre siete y ocho horas cada noche, para estar mejor enfocado.

- Probar algo que no hayas hecho antes. Aprender algo nuevo tiene un impacto positivo en tu cerebro y te ayuda a romper rutinas.

- Eliminar el estrés. El ambiente físico saludable contribuye al buen funcionamiento del cerebro.

4

QUÉ ES LA VERDADERA PROSPERIDAD

El dinero es energía y como toda energía cuanto más tengas es mejor. Pero la energía, como el sol, puede ser nociva y viene con una etiqueta de advertencias.

Yehuda Berg

Prosperidad no es solo riqueza. Normalmente se confunde el término prosperidad con el de riqueza material, sinónimo de dinero. Es importante conocer las diferencias entre una persona rica y una persona próspera.

El término **prosperidad** viene del latín *prosperitas,* que significa salir bien, tener buena suerte o éxito en lo que sucede. El prefijo pro- significa «hacia delante», *sperare* denota la espera y el sufijo -dad habla de una cualidad. La verdadera prosperidad va mucho más allá de los logros materiales. Es un estado de conciencia, una plenitud de vida que nos convierte en auténticos imanes para atraer toda clase de logros: materiales, emocionales, sociales, múltiples bendiciones que llenan nuestra vida de salud, amor, alegría, amistad, felicidad y toda clase de oportunidades y cosas buenas que ni siquiera podemos imaginar.

El término **riqueza** proviene del gótico *reiks*, que se traduce como rico o poderoso, y se forma con el sufijo -eza, que indica «cualidad de», con lo que tenemos el significado de «cualidad de rico».

El problema es que si confundes los términos y no usas tus poderes en la dirección acertada, te puede pasar como al joven del cuento: Una rana que llevaba una corona en la cabeza le dijo a un joven que pasaba por su lado: «Bésame, por favor». El joven pensó: «Esta rana está encantada. Puede convertirse en una princesa heredera de un reino. Nos casaremos y seré rico». Besó a la rana y, al instante, se convirtió en un sapo viscoso. La rana exclamó, feliz: «¡Amor mío, hace tanto tiempo que estabas encantado, pero al fin te pude salvar!».

Pero hay más.

RECORDATORIO PARA TU REFLEXIÓN

La persona rica dispone de abundante dinero que le permite comprar todo lo material que hay a su alcance. Sin embargo, ya sabes que hay cosas que son la base de la felicidad y que no se pueden comprar con dinero, como el verdadero amor, la paz emocional, la armonía, la alegría y tantas otras cosas que te hacen sentir pleno. Y, sobre todo: la conciencia.

Es aquí donde tal vez comprendas que lo que necesitas es prosperidad, teniendo en cuenta que la prosperidad habita en el plano espiritual que es invisible. De alguna manera, se trata de traer el Cielo a la Tierra, y así encontrar lo que necesites. Para lograrlo es fundamental:

- Amarte y aceptarte tal como eres.
- Honrar y conectar con el Ser de Luz que eres tú.
- Saber apreciar y agradecer la vida.
- Saber apreciar la vida con las pequeñas cosas que nos ofrece.
- Cuidar de los amigos y valorar los momentos en su compañía.
- Ser benevolentes con los demás aplicando la máxima de «piensa en hacer al otro lo mismo que te gustaría que el otro pensara en hacerte a ti».
- Mantener un código ético y moral con uno mismo y con todo lo que tiene vida en este planeta Tierra.
- Honrar y respetar a la madre Naturaleza en todas sus manifestaciones.
- Mantener la actitud mental, emocional y espiritual adecuadas para elevar la vibración y conectar con el wifi de la prosperidad.

Esa actitud incluye un ingrediente fundamental: el entusiasmo, necesario para reforzar la fe y la confianza en tu objetivo. Y más que eso, no te limites en confiar en que lo vas a conseguir, imagina que tus acciones tendrán un efecto especial capaz de transformar tu mundo. Como recordaba Montaigne, *Fortis imaginatio generat casum*: una imaginación fuerte produce el acontecimiento. El reino del entusiasmo es el lugar de las posibilidades cumplidas.

Así, por último, para conseguir la provisión de todo lo existente y poner en marcha el plan que dirija tu rumbo hacia una mayor abundancia, practica los siete poderes desarrollados en la segunda parte de este libro.

Incluyo casos que lo demuestran.

Presta atención a las palabras

No confundas los términos. Hay dos términos fundamentales en este camino que se suelen confundir: placer y felicidad. En el capítulo «El poder de la felicidad» amplío este aspecto, pero desde ya te conviene saber que:

- El placer es pasajero, la felicidad es eterna.
- El placer es visceral, la felicidad es etérea.
- El placer se puede conseguir con sustancias y llegar a ser una adicción; la felicidad, no.
- El placer consiste en tomar; la felicidad, en dar.

Hay otros términos que forman parte del lenguaje habitual del mundo cotidiano, pero que rara vez son utilizados para definir un propósito de la propia vida, un posicionamiento personal o unos objetivos que lleven a la prosperidad. Te propongo que lo hagas a través del siguiente ejercicio.

Ejercicio: Radiografía personal

Primer paso: Puesto que la palabra «**prosperidad**» aparece en las siguientes entradas de Word Reference, escribe lo que se te ocurra espontáneamente junto a cada uno de estos términos, no la definición que conoces, sino TU propia impresión acerca del término. Déjate llevar por la primera idea que se te ocurra, aunque te parezca absurda o insólita:

auge –

avance –

bendición –

bienaventuranza –

bonanza –

boom –

cenit –

comodidad –

ventura –

dicha –

enriquecimiento –

florecimiento –

Segundo paso: Una vez que completes la lista, subraya las ideas que te parezcan novedosas y aquellas con las que te sientes identificado.

Tercer paso: A continuación, completa tu propia definición de los términos que para ti representan la prosperidad.

Conclusión: Finalizado el ejercicio, sabrás más sobre el tipo de prosperidad que deseas.

5

EL RIESGO DE LOS ESPEJISMOS

Si hacemos de la felicidad nuestro objetivo primordiul, en vez de
nuestro objetivo secundario, entonces podremos lograr todo lo
demás que deseamos.

DEEPAK CHOPRA

S i lo que nos motiva a obtener nuestros deseos materiales proviene del ego y del deseo puro y duro de poseer, fracasarás en tu propósito.

Las creaciones que se materializan desde ese lugar, lejos de aportar plenitud y felicidad, suelen proporcionar insatisfacción y problemas.

Lo que yo experimenté

Así lo viví y te lo cuento. Pero de los errores ya se sabe que también se aprende, si eres capaz de aceptarlos. Así fue como ocurrió con mi última materialización desde el ego. Precisamente, fue la última, porque gracias a Dios tomé conciencia de cuál había sido mi error, mi gran error.

Deseaba una mansión en el campo. Perseguí mi deseo, en esa época me había convertido en una experta en materialización, y la conseguí, pero la casa que restauré solo me trajo problemas y tristeza.

Desde el inicio de la reconstrucción de mi nueva mansión, intuí que algo no fluía en el proyecto, pero mi deseo y mi ego pudieron más que mi intuición, y no presté atención a las innumerables señales que me mandaba el Universo, ni a los problemas que iban en aumento. Seguí adelante en mi afán de ser poseedora de esa gran mansión, autoconvenciéndome de que habitarla sería mi gran logro. No me di cuenta de que ese deseo era una apariencia que enmascaraba mi verdad interior.

Tuve que pasar por esa desagradable y costosa experiencia para crecer, y cuando al fin alcancé la conciencia necesaria, decidí contar mi experiencia en este libro y ofrecer los siete poderes hacia la verdadera prosperidad.

A muchas personas, anónimas o famosas, les pasó algo parecido. Unos se dieron cuenta y otros no.

Fue así:

En esa etapa de mi vida, estaba impresionada con la ley de la atracción y con la capacidad que tenemos los seres humanos para manifestar nuestros deseos en el plano material.

Entonces, decidí tener la casa de mis sueños: una gran mansión de unos 500 metros construidos con 3000 metros de jardín, en las afueras de Barcelona y cerca de algún parque natural. Empecé a trabajar mi sueño mentalmente y, muy pronto, el director de mi banco me comentó que un vecino del barrio vendía una casa muy bonita en el Montseny con las características que yo buscaba. Me dio su número de teléfono. Al poco tiempo, recibí su llamada y acordamos subir a verla. Ubicada frente al Parque Natural del Montseny con unas vistas espectaculares, la casa era magnífica, grande, de estilo suizo con techos inclinados de pizarra negra, grandes ventanales y un inmenso jardín. La verdad es que cumplía mis expectativas, era lujosa y yo en aquel momento quería eso en mi vida. Sin pensarlo dos veces, ese mismo día firmamos el compromiso de compraventa con el propietario. Haría obras para actualizarla y ponerla a mi gusto. Me sentía orgullosa y poderosa.

Qué poco podía imaginar yo las tremendas experiencias que viviría como consecuencia de esas decisiones. Mi ego no se conformaba con una casa, quería una mansión, y no me conformé con la mansión existente, sino que, aconsejada por alguien que en aquel entonces consideraba mi amigo, decidí reconstruirla completamente. Hubo problemas desde el primer momento. Pero yo a toda costa quería la casa terminada y espléndida. Ahora puedo ver que fue mi ego el que impulsó el proyecto, no mi verdadero Yo. Por lo tanto, no me sentí feliz ninguno de los siete años que viví en ella. Fue una experiencia de mucho aprendizaje para mí.

En aquella ocasión, tomé conciencia de que la ley de la atracción no es completa si no se lleva a cabo desde una vibración energética elevada. Ahora puedo asegurar que, para desear, es indispensable hacerlo desde la conexión con la fuente espiritual. Lo demuestro en este libro.

Otros ejemplos de ricos conocidos

¿Por qué hay gente rica que se suicida teniéndolo todo (aparentemente)? Pongamos algunos ejemplos:

1. **Marilyn Monroe:** Esta actriz, modelo y productora fue encontrada muerta a los 36 años el 5 de agosto de 1962 por una sobredosis de barbitúricos.

2. **Kurt Cobain:** El cantante del grupo Nirvana decidió ponerle fin a sus días con un disparo en la cabeza en abril de 1994 tras sufrir constantes depresiones.

3. **Elvis Presley:** El rey del rock and roll murió en agosto de 1997 por un ataque al corazón provocado por una ingesta excesiva de barbitúricos.

4. **Anna Nicole Smith:** La ex conejita de Playboy fue encontrada muerta en la habitación de un lujoso hotel el 8 de febrero del 2007, ahogada por su propio vómito tras ingerir una dosis elevada de antidepresivos. Parece ser que nunca llegó a superar la muerte de su hijo.

5. **Lucy Gordon:** La actriz y modelo francesa decidió ahorcarse a los dos días de cumplir 29 años en mayo del 2009. Atravesaba una crisis depresiva.

Incluso, quizás, tener mucho dinero puede hacernos más vulnerables a los golpes emocionales.

Un caso de mi consulta

Por muchos de los casos que han pasado por mi consulta y por mi propia experiencia, he podido constatar que el dinero y todo lo que se puede comprar con él son paliativos momentáneos de la felicidad si no vienen acompañados de una conciencia próspera y de una conexión espiritual. Por sí solo, el dinero no tiene el potencial de hacernos felices.

Emilio fue paciente mío durante un tiempo. Era propietario de una compañía de gas, además de poseer cadenas de restaurantes, hoteles y concesionarios de automóviles, lo cual le convertía en un hombre muy rico… lo que llamamos un millonario.

Le gustaba cuidar los detalles, especialmente a la hora de vestir. Llamaba la atención por su aspecto, era un hombre mucho más alto que la talla normal, con rostro varonil y siempre vestido impecable, Armani y Dior eran sus marcas favoritas. Gustaba de los relojes de lujo en oro y platino… que variaba según su atuendo.

Estaba casado con Marina y tenia dos hijos, Lucero y Emilito. Su vida y la de su familia giraban alrededor del dinero y de todo lo que el dinero les podía proporcionar: lujos, estatus, confort, glamour, clase, eran primordiales en sus vidas y, para conseguirlos, no dudaban en adquirir las mejores propiedades en los lugares más cotizados de su ciudad y zonas turísticas. Poseían también varios coches de la más alta gama y hasta tenían un avión privado para poder ir de compras a París, Londres o Miami, adonde se desplazaban una vez al mes para comprar los mejores vinos y viandas que servían en sus cada vez más frecuentes comidas y cenas que organizaban en su mansión y que ofrecían a sus amigos e invitados.

Lo impresionante de esta historia es que Emilio, a pesar de tener tanto dinero, propiedades familia, etc., vino a verme porque no era feliz, nada de lo que poseía le llenaba plenamente y, a menudo, engañaba a su esposa con otras mujeres pensando que una nueva relación llenaría el vacío que sentía, pero no era así, nada de lo que hacía lograba mitigar su depresión. Le parecía que recuperaba la ilusión cuando compraba un nuevo reloj de su enorme colección o un nuevo caballo pura sangre o un nuevo modelo de coche, pero era un espejismo que duraba poco.

¿Cuál fue su peor enemigo?

Los hábitos. Llega un momento en el que el hábito hace que lo nuevo pase a ser rutinario y por tanto deja de emocionarnos, deja de provocar esa euforia que sentía al principio, de modo que, para Emilio, todo lo que vivía, que para otros es inalcanzable, pasó a ser lo «normal». He aquí el verdadero nudo de la cuestión. ¿Y cuál era su carencia? La nula conexión con su conciencia, con su Yo Superior. Por lo tanto, tenía que desprogramar su mente de sus pensamientos y creencias limitantes, y abrirla hacia las informaciones que hasta ese momento sus creencias no le dejaban entrar.

Hasta que trabajamos juntos los 7 poderes que aquí desarrollo, y poco a poco, sesión tras sesión, su frecuencia vibratoria cambió.

La prosperidad tiene muchas caras. Todas se pueden alcanzar desde el interior de uno mismo. Es la única manera de que den sus frutos. Así es la práctica de los 7 poderes, una especie de viaje interior muy gratificante, pero a diferencia de otros viajes que son transitorios, este es permanente.

En este caso, Emilio pudo vivenciar a fondo el paso de la riqueza a la prosperidad, que es la manera sana de ser un hombre rico y feliz.

Su nivel de frustración y de aburrimiento fueron desapareciendo y se reemplazaron por sentimientos de gratitud y valoración hacia todo lo que tenía.

Empezó a valorar más a las personas con las que se cruzaba cada día. Pudo disfrutar de su relación de pareja y de la comunicación con sus hijos. Pero, sobre todo, tomó conciencia de cuántas cosas buenas podía hacer con el excedente de dinero que poseía y el placer que le aportaban: visitaba centros de caridad, hospitales, orfanatos, repartía su dinero entre los más necesitados… Y cuanto más daba más recibía, mientras su alegría iba en aumento. Pudo valorar la belleza que encierra la sonrisa de un niño, descubrió cuánta paz sentía su corazón cada vez que conseguía mitigar el dolor y la escasez de los demás. Dejó de ser un comprador compulsivo, un malhumorado compulsivo. Dejó atrás al hombre vacío y aburrido que había sido durante tantos años… **Sencillamente, dejó de ser un hombre rico para convertirse en un hombre próspero.**

Los mantras de prosperidad que repetía mi padre

Para retomar mi mejor camino, tuve que volver a mis inicios, en los que la riqueza fue una cuestión que siempre estuvo presente en mí gracias a las muchas afirmaciones que le escuchaba decir a mi padre diariamente y que pasaron a ser mantras para mí. Así quedó grabada en mi conciencia la idea de abundancia y apreciación, de la que en aquel lapso me desvié, y que ahora transmito a lo largo de estos capítulos.

Mi padre tenía la virtud de convertir en un verdadero festín los momentos de las comidas. Hubiera lo que hubiera para comer, siempre alababa las buenas artes culinarias de mi madre, y exclamaba señalándola: «**Vuestra madre es la mejor cocinera del mundo, todo lo que guisa sabe a gloria bendita**».

Después de que mi madre nos hubiera servido a todos, empezaba a comer saboreando cada bocado. Entonces, nos preguntaba si queríamos repetir, y exclamaba como un mantra:

«Mirad qué ricos somos, además de tener verdaderos manjares, podemos repetir si queremos comer más».

Los domingos por la mañana eran de lujo. Como un ritual, mi padre se sacaba la cartera del bolsillo y le extendía 100 pesetas a mi madre para comprar pastas, nata y flanes en la vaquería que había al lado de nuestra casa. Al volver, mi madre lo servía todo acompañado de una taza de chocolate caliente para cada uno. Ahí mi padre se sentía feliz y decía otro de sus mantras:

«En casa, desayuno de ministro, fijaros qué afortunados somos, nos lo podemos permitir».

Cuando después, mi madre nos arreglaba de domingo con nuestras mejores galas, mi padre me decía:

«Lolita, qué bonita que estás, ¿te has fijado lo ricos que somos que tenemos zapatos para diario y otros para los domingos?».

Se hacen prósperos los seres que tienen el valor de reconocer lo que no saben y de abrirse al nuevo conocimiento y ver donde otros no ven.

Qué se consigue practicando las pautas para conectar con el wifi de la prosperidad

En primer lugar, conseguirás eliminar tus creencias y pensamientos limitantes, que te mantienen anclado al esfuerzo y la escasez.

Si eres constante, en menos tiempo de lo que imaginas, habrás cambiado tus pensamientos y creencias limitantes en relación con el dinero y la prosperidad.

Seguirlas practicando te permitirá introducir en tu conciencia los cambios necesarios que te harán sentir digno y merecedor de la facilidad y del acceso a la prosperidad.

Una vez que las hayas incorporado, notarás que los milagros y las bendiciones aparecen, ya sea en forma de una invitación, un regalo que no esperabas, una oportunidad nueva de trabajo o de inversión; es decir, cosas que te permitirán saber que estás en otro camino, en una ruta distinta, donde todo es más accesible.

En segundo lugar, notarás que tu vida está cambiando, que han perdido fuerza los pensamientos negativos, que han quedado atrás las frustraciones que bajaban tu frecuencia vibratoria. Notarás una energía renovada, una sensación nueva de confianza y tranquilidad.

Puesto que este nuevo estado ha cambiado tu frecuencia vibratoria, tendrás acceso al wifi de la prosperidad.

Una vez que estés conectado, lo único que deberás hacer es tener la certeza de que lo que has pedido te será concedido desde el campo de lo invisible, y su materialización está en camino.

Te recomiendo que disfrutes del camino y que no te impacientes. Cuanto más confíes, antes llegará.

FELICIDADES!

Porque sigues leyendo… y si esto ha ocurrido, asumo que ya estás harto incluso de estar harto y quieres cambiar las cosas. Esto ya te distingue de la gran mayoría de la población.

Ahora, vayamos al grano.

¿Por qué?

¿Por qué aún no tienes el dinero que quieres?

Herramientas, estrategias, habilidades… planes paso a paso. métodos, secretos, acciones.

¿Te esfuerzas en aprender todo esto?

Deja de hacerlo ya mismo, porque ahí no está la clave.

La clave no está en lo QUE haces, sino en el CÓMO lo haces y desde DÓNDE lo haces.

SEGUNDA PARTE:
LOS SIETE PODERES

Busca primero el reino de los cielos, y todo lo demás te será dado por añadidura.

JESÚS EL CRISTO

Para alcanzar la prosperidad, te propongo poner en práctica los 7 poderes, que desarrollo a partir de aquí, y lograr la conexión con la red cósmica espiritual, que es el origen y la provisión de TODO LO QUE EXISTE.

EL MAPA DE LA CONCIENCIA

Es un recurso práctico para ayudarte en tu evolución espiritual. Te recuerdo que los seres que se sintieron insatisfechos a pesar de su gran fortuna material, en buena medida lo fueron por no reparar en la fortuna espiritual. En el capítulo 6 de la segunda parte (De los milagros) tienes la tabla de mediciones de sentimientos y estados de ánimo.

¿Por qué unas personas, a pesar de saber los métodos y las estrategias, ven las oportunidades y las aprovechan hasta obtener el resultado, mientras que la gran mayoría de las personas no y terminan frustradas?

La clave está en tu pensamiento, pero no en el consciente, sino en el subconsciente.

Todo el mundo sabe que el subconsciente es capaz de explotar nuestro verdadero potencial. ¿Pero cómo actuar para que tu subconsciente te ayude a atraer la riqueza?

Como dice Joseph Murphy, en *El poder de tu subconsciente*, el sentimiento de riqueza produce riqueza; la sensación de salud genera salud. Por tanto, el secreto está en atraer y manifestar el nivel exacto de riqueza que deseas basado en lo que crees y sientes (consciente y subconsciente), gracias al uso correcto de tu subconsciente.

En principio, Hawkins determina que el 0,0000000000001 por ciento de lo que percibimos como realidad es materia, el

99,99999999 por ciento restante es información y energía. Según estos valores, no deberíamos identificarnos tanto con la materia. En este sentido, deberías saber que todo lo que consigues en este mundo depende directamente de tu nivel de conciencia, está en el plano de lo invisible. Este es el enfoque correcto.

Repara en la información de este mapa. Contiene los diferentes estados de ánimo, desde los más negativos hasta los más positivos y de más elevada vibración, representados por diferentes tipos de energía. Todos tienen su medición para que puedas ver de qué manera las emociones bajas generan bajas vibraciones y que, en la medida que cambias de actitud, empiezas a vibrar en frecuencias más elevadas.

Sin embargo, como dice el doctor Hawkins: «no es necesario pasar por los niveles inferiores para ascender en la escala de conciencia».

El grado y la calidad que emiten las energías de baja frecuencia pueden derivar en una vida de insatisfacción y atraer la enfermedad. Por el contrario, las vibraciones que emiten las energías positivas derivan en una mejor calidad de vida, bienestar y salud.

- Emociones que miden entre 200 y 1000 son positivas: Entre ellas el coraje, la neutralidad, la voluntad, la aceptación, la razón, el amor, la alegría, la paz. Vibrar en estas frecuencias altas nos aporta la capacidad de vivir la vida con mayor respeto hacia nosotros mismos y hacia el entorno, nos permite sentirnos parte de un todo y disfrutar de las experiencias que la vida nos presenta con mayor conciencia y plenitud.
- De 700 a 1000, la iluminación.
- Emociones por debajo de 200 hasta 20 son negativas, entre otras, el orgullo, la ira, el deseo, el miedo, el sufrimiento, la

apatía, la culpa y la vergüenza. Estas bajas frecuencias responden a una conciencia muy primaria y egoica, que nos separa de los demás y nos impide disfrutar la vida y ser felices.

Cómo lograr el cambio

Entonces, para que el cambio sea posible, es necesario que asumas en tu conciencia que la verdadera prosperidad empieza en el ámbito espiritual, que es donde se encuentran las matrices de todo lo que contiene el mundo de las formas materiales.

Sutilizarás así tu campo energético, y aumentarás tu frecuencia vibratoria, con lo cual podrás conectarte al wifi de la prosperidad y empezarás a ser un imán para todo lo que quieras manifestar.

El secreto está en saber y comprender lo que llamo anatomía energética. Es decir, los diferentes cuerpos sutiles, de energía y chakras que componen nuestro campo energético, más comúnmente llamado «aura».

Precisamente, me pregunto por qué en las escuelas, universidades y demás centros de educación de nuestra sociedad, además de enseñar la asignatura de anatomía humana, donde estudiamos los órganos y sistemas que componen nuestro cuerpo físico, no incluyen la anatomía energética.

El campo energético es el encargado de suministrar y regular la energía de los diferentes cuerpos sutiles que lo componen y es el puente a través del cual podemos acceder y sintonizar con el WIFI ESPIRITUAL DE LA PROSPERIDAD.

Básicamente, se compone de siete cuerpos sutiles: el ethérico, el mental, el emocional, más otros cuatro cuerpos sutiles que denominamos cuerpos álmicos, directamente relacionados con los siete chakras básicos situados en diferentes zonas del cuerpo humano. Son los encargados de suministrar energía a los diferentes órganos de la zona en que se encuentran. Pero es sabido que, además, hay una infinidad de canales de energía y de pequeños chakras secundarios distribuidos por todo nuestro organismo.

El cuerpo ethérico es el puente entre los cuerpos sutiles y el cuerpo físico. El cuerpo mental recoge y transmite tus pensamientos. El cuerpo emocional recibe y trasmite las diferentes emociones que sientes. Y los cuatro cuerpos álmicos almacenan energía y crecen en la medida que aprendes de las experiencias y las lecciones que la vida pone en tu camino, siempre que seas capaz de reconocerlas y aceptarlas.

En ese caso, los cuerpos sutiles se van desarrollando y expandiendo y así se amplía tu campo energético, de modo que adquieres más luz, más sabiduría y más conciencia a la vez, de modo que aumenta tu frecuencia vibratoria.

Es decir, que tus pensamientos y tus emociones no son casuales, sino que pertenecen al mundo de lo invisible y se gestionan en tus cuerpos sutiles.

¿Te das cuenta de que, en buena medida, alcanzar la prosperidad está en tus manos?

¿Qué hacer?

En principio, registra en tu cuerpo los pensamientos benevolentes (que te aportan bienestar y alegría) y los negativos y obsesivos (que te generan estrés y ansiedad).

A la vez, registra las consecuencias felices e iluminadoras que te generan las emociones positivas y las devastadoras consecuencias que te provocan las emociones negativas.

¿Por qué te recomiendo este registro?

Porque son el puente a través del que puedes acceder a la red de energía universal, una especie de wifi espiritual donde se encuentran las matrices de todo lo que existe en este planeta. Es un canal inagotable de información y prosperidad al que podrás acceder si conoces las claves.

Con el acceso al wifi de la prosperidad ocurre como en la fábula de Alí Babá y su cueva secreta, un lugar al cual nadie podía acceder, y mucho menos imaginar su existencia.

La cueva de Alí Babá almacenaba en su interior fantásticos tesoros, joyas, oro, piedras preciosas y riquezas de incalculable valor. Una cueva situada en medio de una montaña herméticamente cerrada por una gran y pesada roca que bloqueaba el acceso a su interior y a su valioso y codiciado contenido. Tan pesada era esa enorme piedra que ni un ejército de fuertes guerreros podían desplazarla, ya que para poder hacerlo se necesitaba una clave, un código secreto, que solo Alí Babá conocía y que, al pronunciarlo, la roca se desplazaba con facilidad, permitiendo el acceso a sus magníficos tesoros.

La llave que contiene la clave de acceso a los 7 poderes es tu práctica diaria. Cuando los practiques, se elevará tu frecuencia vibratoria y ello te abrirá las puertas al plano espiritual con facilidad. Para hacerlo en el menor tiempo posible y puedas ver los resultados, te recomiendo que prestes atención a estas tres simples «herramientas», que fijarán los poderes en tus registros mentales y emocionales:

**Las 3 herramientas que ayudan a introducir
los 7 poderes en tu vida son:**
1. Constancia
2. Disciplina
3. Voluntad en la práctica diaria

Este es un cuento que muestra el alcance de la perseverancia:

Un arquero quiso cazar a la luna. Noche tras noche, sin descansar, lanzó sus flechas hacia el astro. Los vecinos comenzaron a burlarse de él. Inmutable, siguió lanzando sus flechas. Nunca cazó a la luna, pero se convirtió en el mejor arquero del mundo.

CONCLUSIÓN

Todo en este Universo es energía. Pero la energía tiene diferentes frecuencias. El secreto está en que aprendas a vibrar con la frecuencia adecuada para que puedas acceder a la vida que quieres.

Siguiendo las pautas de los 7 poderes, habrás aumentado tu frecuencia vibratoria antes de lo que te imaginas y estarás preparado para acceder a la red del wifi espiritual y podrás disfrutar de la prosperidad materializada en el plano físico. Son pautas conocidas desde hace muchos años, practicadas en logias y sociedades herméticas, cuyas informaciones estaban solo al alcance de algunos privilegiados.

Con la práctica, podrás trascender tus creencias y patrones limitantes que te mantienen en la rueda del esfuerzo y la escasez, y conectar con la fuente de la abundancia. Esas prácticas darán un giro a tu vida y atraerán la prosperidad, que implica no solo riqueza material, sino también plenitud y felicidad.

PODER 1

DE LA MENTE PRÓSPERA

La mayoría de los hombres persiguen el placer con tal apresuramiento que, en su prisa, lo pasan de largo.

Soren Kierkegaard

A menudo, pensamos que lo que nos ocurre tiene que ver con la buena o la mala suerte, la casualidad o los demás. Pero no es así. Las cosas no son buenas o malas porque sí, sino que tu realidad es el resultado de tus pensamientos, sentimientos y acciones provenientes del pasado, productores a su vez de tu realidad presente.

Cambiar una mente sin control y convertirla en una mente creadora, llena de pensamientos hermosos y prósperos es posible.

Así, tus pensamientos, sentimientos y acciones de hoy están sembrando lo que cosecharás en tu futuro. De ahí, la importancia de ser consciente del poder y la responsabilidad que tienes en todas y cada una de las cosas que te suceden y que vives.

En síntesis, tu mente es creadora de tu realidad instante tras instante. Ni más ni menos. Por consiguiente, tiene la capacidad de construirte o de destruirte. Según sea la calidad de tus pensamientos, así será tu realidad.

En este sentido, para crearte una vida próspera, tienes que empezar por eliminar los pensamientos y las creencias limitantes que tienes acerca del dinero y la forma de conseguirlo, tanto a nivel consciente como inconsciente.

En general, los actos de cada persona, su manera de vivir, ponen de manifiesto el grado de conciencia que esa persona tiene.

A más conciencia, menos esfuerzo y más facilidad.

Para empezar, revisa el concepto que tienes de ti mismo. Es eso lo que te da pautas acerca de tu manera de vivir. Si estás insatisfecho, tendrás que cambiar tu nivel de conciencia y cambiará tu realidad.

Tener conciencia de escasez crea pobreza, tener conciencia de abundancia es el inicio del camino hacia la prosperidad.

En este sentido, es de suma importancia modificar conceptos y creencias acerca de quién eres tú.

¿Cómo se consigue?

Los cambios llegan cuando eres capaz de hacer modificaciones en tu interior, en tu forma de pensar.

Empieza a creer en que cualquier cosa que te ocurra es una oportunidad perfecta para solucionarla desde tu parte más invisible y espiritual.

Y, como dice Walt Whitman:

«Toma conciencia de cada uno de tus órganos y maravíllate de que funcionen como lo hacen. Creo en la carne y en los apetitos, ver, oír, tocar… ¡Cuántos milagros!, y cada parte de mi ser es un milagro».

Un caso famoso de un rico feliz

Andrew Carnegie fue un empresario industrial escocés-americano y se le considera uno de los primeros emprendedores. Tal y como él mismo escribió: «el hombre que muere solamente rico muere deshonrado y desgraciado».

Considerado como la segunda persona más rica de la historia, según la revista *Forbes*, Carnegie era un «hombre hecho a sí mismo». Trabajó desde muy pequeño en la Pennsylvania Railroad Company. Desarrolló su pasión por la lectura gracias al coronel James Anderson, que abría su biblioteca particular de 1000 volúmenes a los niños obreros todos los sábados. Su capacidad y buena disposición para el trabajo duro, su perseverancia y su diligencia pronto le trajeron oportunidades.

Pero la fortuna que ganó con sus negocios la destinó a la filantropía y la educación, fundó el Fondo Carnegie para la Paz Internacional, y la Universidad Carnegie Mellon, en Pittsburgh. Y aunque pagaba a sus empleados los bajos salarios típicos de esa época, donó la mayor parte de su dinero para financiar bibliotecas, escuelas y universidades en EE. UU., el Reino Unido y otros países, así como para crear fondos de pensiones.

Con el acero fue donde hizo la mayor parte de su fortuna. En la década de 1870, fundó la Carnegie Steel Company, un paso que consolidó su nombre como uno de los «grandes magnates de la industria», y sobre la década de 1890, era la empresa más rentable del mundo, la vendió y se dedicó el resto de su vida a la filantropía mundial.

Carnegie creía que debía dedicarse a algo más que a ganar dinero. Escribió: «¡El hombre debe tener un ídolo y amasar fortunas es una de las peores especies de idolatría! ¡Ningún ídolo es más envilecedor que la adoración al dinero».

Quería que lo recordaran por el bien que había hecho. Es mencionado en el libro *Cómo ganar amigos e influir sobre las personas* de Dale Carnegie.

En este sentido, ten en cuenta que ayudar a otros nos ayuda. Lee la fábula del capítulo sobre el poder del Yo Soy que lo demuestra. El joven protagonista que ayudó al maestro terminó ayudándose a sí mismo. Conseguir que otra persona sea más feliz nos hace más felices a nosotros. Es una buena manera de sanar tu interior.

A medida que sanes tu interior, la prosperidad te llegará naturalmente.

RECOMENDACIÓN: Es posible que sin darte cuenta estés actuando en contra de ti mismo. A la mente, debes utilizarla siempre a tu favor.

Erradica las creencias que te frenan

El día que me puse a confeccionar una lista de cosas buenas que me podía proporcionar el dinero, me quedé sorprendida de la cantidad de conceptos y creencias negativas que tenía almacenadas en mi mente. Estas son algunas de esas creencias generalizadas acerca del dinero que con el tiempo y con mis años de consulta pude comprobar que eran compartidas por muchas personas:

El dinero es sucio

El dinero convierte a las personas en egoístas y malvadas

El dinero no da la felicidad

Por dinero la gente se pelea

Por dinero la gente mata

Por dinero las familias se pelean y se separan

El dinero corrompe y pervierte a las personas

Este descubrimiento me hizo pensar que uno de los primeros trabajos que debes hacer para acceder al wifi de la prosperidad es eliminar estas creencias contaminantes que actúan en tu mente, como los «virus» en un ordenador: te separan de tu conexión sana e impiden que logres tus objetivos.

Para eliminar estas creencias y barreras que te separan de tu prosperidad, te propongo que practiques el ejercicio de «perdón al dinero», que incluyo al final de este capítulo, así limpiarás tu mente de obstáculos que bloquean el acceso a la verdadera conciencia de prosperidad.

El dinero tiene el significado que tú le das

RECORDATORIO PARA TU REFLEXIÓN

1º Autocuestionario

Responde a las siguientes preguntas por escrito. Y déjate llevar por las ocurrencias que te aporten las palabras:

¿Busco la prosperidad pensando en mí? ¿O la busco para impresionar a los demás?

¿Ocupo mi mente la mayor parte del tiempo en pensamientos

beneficiosos para mí o en pensamientos destructivos (como quejas o críticas a otras personas, temores infundados, conjeturas falsas, estallas en cólera o sientes envidia)?

Teniendo en cuenta que la palabra **abundancia** proviene del latín *abundantia* y se refiere a una gran cantidad de algo, tanto positivo como negativo, pregúntate ¿qué es lo que tengo en grandes cantidades? ¿Qué deseo tener en grandes cantidades?

¿Está alineado lo que tengo, lo que pienso y lo que deseo tener?

Resultado: Si tus respuestas te hacen sentir que atraes algo que no deseas verdaderamente, puede ser tiempo de limpiar tus pensamientos y sembrar lo que tu interior merece.

2º Meditación activa

Esta práctica es maravillosa, tiene el potencial de mejorar exponencialmente tu experiencia vital en todas sus áreas y aspectos.

Este trabajo de reprogramación, que te propongo que hagas con tus pensamientos, es el equivalente al de limpiar un ordenador que está infectado de virus y no hace lo que necesitas. Cuando limpias los virus y lo reprogramas, tu ordenador vuelve a ser una herramienta muy útil para ti, que te permitirá tener acceso a otros programas increíbles a los que antes no podías acceder. Lo mismo sucederá con tu mente cuando lo practiques.

Convertirte en un jinete del caballo desbocado que es tu mente, es algo que harás a partir de ahora y sentirás el enorme placer de ser tú el que controla la dirección hacia la que quieres que vaya tu mente y, en consecuencia, tus objetivos.

Pero recuerda que las escaleras altas se suben peldaño a peldaño

Anexo:
Recursos: Pon en acción el filtro reticular

En la base de tu cerebro está el llamado filtro reticular, un sistema que se conecta con la médula espinal.

Funciona como un filtro de unos ocho millones de bits de información subconsciente. Toda la información externa que pasa por este filtro entra al cerebro como emociones o pensamientos. Entran aquellos que nos interesan y en los que nos concentramos. ¿De acuerdo?

Pero, atención, tanto para lo bueno como para lo malo.

Es decir que el subconsciente no sabe distinguir ni clasificar. Si te concentras en lo que no te gusta, entra; si es en lo que te gusta, también entra.

Para activar el filtro, «siente» tus metas, prioriza y de este modo entran a tu subconsiente. Entonces, visualízalas. Si tomas conciencia, el filtro reticular te muestra las oportunidades que llegan a tu vida para realizar tus sueños. Te hace mirar lo que naturalmente no mirabas, como cuando una mujer queda embarazada y empieza a registrar a las mujeres embarazadas en las que antes no se fijaba.

Lo más interesante es que puedes configurarlo según tus intenciones, de modo que busque información e ideas que te conduzcan hacia los resultados exitosos.

Una manera sencilla de reprogramar tu filtro reticular, entonces, es visualizar el estado final de un proyecto u objetivo. Cuanto más detallada sea la descripción, con colores, olores, sensaciones y emociones, mejor funciona. Una vez que tu mente ha «visto» qué es lo que quieres conseguir, adapta su filtro.

Por eso, no es lo mismo imaginar o tomar nota mental de este modo: «Casa de campo grande» que de este otro: «Tengo una casa de campo bonita con una piscina y un gran jardín».

Todo esto te lleva a crear la vida que quieres, simplemente por pensar e imaginar eso que deseas.

En fin, que cambiar el chip visualizando tus metas hace que percibas detalles de la vida diaria que te pueden ayudar.

Haz la prueba. Visualiza y toma nota de los posibles resultados exitosos y estarás sacando partido a la fuerza casi mágica de tu cerebro.

Entonces, en realidad, no es que no tengas recursos para ser próspero, la realidad es que no tienes recursos porque no te preparas para tenerlos.

Ejercicios prácticos para controlar y cambiar tus pensamientos y creencias limitantes

Materiales necesarios:

- Una libreta para hacer tus ejercicios, que llevarás siempre contigo.
- Un bolígrafo con tinta morada (el color de la transformación).

1. Durante el día, intenta ser consciente de tus pensamientos y creencias limitantes en las diferentes situaciones que vivas: en el trabajo, con los compañeros, los jefes, los amigos, la familia, el tráfico, las compras etc.

   Ejerce una meditación activa, siempre que puedas, intentando percibir aquello que piensas y cómo reaccionas ante diferentes situaciones de tu día a día.

2. Anota en tu libreta todos los pensamientos negativos que te lleguen acerca de lo que ocurra en tu día, y las diferentes reacciones que tienes frente a las adversidades o lo que consideres una dificultad.

   Esta práctica te permitirá empezar a tener control sobre tu mente y tener conciencia de todos aquellos pensamientos negativos y creencias limitantes que tienes en tu ordenador central y que ni siquiera eres conocedor de que los tienes.

3. Intenta anotar tus pensamientos negativos, en el momento que seas consciente de ellos; no subestimes a tu mente, tenemos miles de pensamientos durante el día, los que no anotes al momento se te olvidarán.

   Si lo practicas, aunque sea en un pequeño porcentaje al día, te dará un poder y una conciencia sobre ti mismo que tiene un valor incalculable, y será, sin duda, el inicio de tu cambio hacia una mayor conexión con el wifi de la prosperidad.

   Cuando des pasos hacia lo intangible y poderoso que rige este Universo, y elimines tus creencias limitantes, tu mente estará a tu servicio, y descubrirás con sorpresa los potenciales increíbles que hay para ti.

4. Cuando llegues a tu casa sigue haciendo lo mismo, cada ambiente y cada área de tu vida marcan tu forma de pensar y tus creencias; por lo tanto, es importante detectar los diferentes pensamientos y creencias que se generan en cada ambiente.

5. Por la noche, busca un lugar en el que estés cómodo y tranquilo, un espacio confortable para ti.

6. Abre tu libreta y, una a una, cambia tus frases de pensamientos negativos por frases positivas que contrarresten cada pensamiento negativo que has escrito durante el día.

7. Es importante que te sientas bien cuando hagas este trabajo, y que pongas la máxima conciencia en él, tanto en las
frases negativas que te informarán de tus creencias y patrones limitantes como en las que transformes en positivas
para ir reprogramando tu mente u ordenador central.

Algunos ejemplos de frases negativas y su transformación en
positivo:

Pensamiento limitante:
Tengo que esforzarme mucho para ganar dinero.

Pensamiento positivo:
Cuanto mejor estoy, más dinero atraigo.
Cuanto más benevolente soy, más bendiciones y prosperidad recibo.

Pensamiento limitante:
Fulanito me cae fatal, no lo soporto.

Pensamiento positivo:
Acepto a Fulanito tal como es.
Veo en Fulanito su Ser de Luz.

Pensamiento limitante:
Mi jefe me explota y no me valora.

Pensamiento positivo:
Cuanto más me respeto a mí mismo, más valoración recibo de mi jefe.
Cuanto más respeto a los demás, más respeto y valoración recibo.

Pensamiento limitante:
Me siento fatal, odio levantarme por la mañana.

Pensamiento positivo:
Disfruto de levantarme cada mañana.
Agradezco poder levantarme cada mañana.

Pensamiento limitante:
No tengo dinero.

Pensamiento positivo:
Soy un imán para el dinero.
Siempre tengo el dinero que necesito.

8. Haz este ejercicio durante una semana completa. Al hacerlo, observa que cada vez hay menos pensamientos negativos para anotar y que hay algunos que se repiten.

    A la mañana siguiente, recita mentalmente los pensamientos positivos que has diseñado la noche anterior, y sigue anotando los pensamientos negativos que detectes durante el día.

9. Una vez que tengas la información de tus pensamientos y creencias limitantes, y de los pensamientos positivos empoderadores que has creado, incorpóralos para elevar tu frecuencia vibratoria y crear una nueva reprogramación mental. Y repítelos constantemente, ya sea delante del espejo por las mañanas, en la calle y siempre que seas consciente de que está pensando en negativo.

Ejercicio del perdón al dinero

Materiales:

- Un teléfono móvil con grabadora, o cualquier grabadora que puedas utilizar.
- Un billete de 50 o 100 euros.
- Una foto de tu rostro lo más grande posible.

Realización:

Busca un lugar en tu casa que sea tranquilo y en el que puedas estar solo.

Siéntate en un sillón o una silla con la espalda bien apoyada en el respaldo, o donde te encuentres cómodo.

Enfrente de la silla o sillón, coloca una mesita que te quede a la altura para que puedas ver tu foto, y el billete de 50 o 100 euros que habrás colocado encima de la mesa. Una vez estés bien sentado con la foto de tu cara lo más grande posible y el billete bien colocado, enciende tu grabadora y escucha este mantra de perdón al dinero que previamente habrás grabado.

Texto del mantra:

El Perdón Divino soy aquí, el perdón que sana y sanará, el perdón para ti y para mí. El perdón para la humanidad.

Cuando digas para ti y para mí, señalarás con tus manos el dinero que tienes encima de la mesa y después tocarás tu zona del corazón. Repetirás este movimiento mientras dure el ejercicio. También es muy importante que mientras repites el trabajo del perdón, durante siete días, vayas mirando tu foto, principalmente a los ojos.

Este trabajo deberás repetirlo durante siete minutos, que es el tiempo que durará la grabación. Al hacerlo, disolverás tus creencias y pensamientos negativos. Después debes cambiar estas creencias por las siguientes afirmaciones positivas, que debes repetir por la mañana y por la noche, y siempre que las recuerdes durante el día:

El dinero es Amor y Luz
El dinero une a las personas
El dinero mejora a las personas
El dinero ayuda a ser más feliz
El dinero es Divino.
El dinero es bondadoso
Yo merezco el dinero
Yo me abro a recibir el dinero
Yo amo el dinero
El dinero me ama
Soy un imán para atraer dinero
El dinero y yo somos amigos.

Realizar este trabajo es el primer paso para desarrollar tu conciencia de prosperidad. ¡Enhorabuena!

CONCLUSIÓN

Bienvenido al control de la mente creadora. Me alegra informarte de que con este magnífico trabajo que has incorporado a tu rutina habitual estás subiendo el primer peldaño de la escalera que conduce hacia la prosperidad y la abundancia de todas las cosas buenas que el Universo tiene para ti.

PODER 2

DE LA IMAGINACIÓN

*Dedica unos minutos a contemplar lo que te rodea con ojos
de niño o niña, asombrándote de la maravilla de que exista
ahí todo lo que estás percibiendo.*

DEEPAK CHOPRA

Según el diccionario la imaginación, es la capacidad de formar en nuestra mente imágenes o representaciones de cosas o personas reales o irreales.

Desde una perspectiva personal, la imaginación también constituye un recurso de gran valor.

¿Por qué?

Porque te permite anticipar «imaginariamente» el futuro que deseas experimentar y te motiva a actuar para materializarlo.

¿Te pasa que cuando sales del cine después de ver una película que te impactó, ya sea por lo que dicen los personajes o por lo que hacen, imaginas que tú también puedes hacerlo y estás convencido de que podrás?

A mí me pasó con *La librería*, dirigida por Isabel Coixet y basada en la novela de Penelope Fitzgerald. Salí armada de coraje y sentí que llevaría a cabo, contra viento y marea, un proyecto que hasta ese momento creía imposible. La historia de la película transcurre en un pequeño pueblo de la Inglaterra de 1959, en el que una joven mujer decide, en contra de la educada pero implacable oposición vecinal, abrir la primera librería que haya habido nunca en esa zona. En mi imaginación, me armé de su coraje. Y es algo que quedó en mí.

Otras películas que te pueden ser útiles para activar tu imaginación en la dirección que buscas son:

El lobo de Wall Street: Basada en la historia real de Jordan Belfort, demuestra algunas de las cosas que el dinero puede comprar y lo que no puede. Demuestra que el éxito no consiste solo en cuánto dinero conseguimos, sino también de mantenernos humildes y mantener un sentido de integridad en lo que sea que hagamos.

El Club de la Lucha: Da una de las mejores lecciones en torno al materialismo y el desapego emocional. Según Tyler Durden, se trata de liberarte de las ataduras de la vida moderna, que te aprisiona y te mutila.

Pumping Iron: Arnold Schwarzenegger comparte su mentalidad, su actitud y sus creencias personales en este documental y te permite conquistar el poder de la autoestima y la afirmación.

La Red Social es una película del fundador de Facebook, Mark Zuckerberg, que te inspirará a sentirte merecedor del éxito, a la vez que te muestra algunos de los inconvenientes que este puede tener, como son las disputas legales o la traición.

Di que sí es una película divertida en la que Jim Carrey interpreta a Carl Allen, que vive una vida promedio e insatisfecha hasta que se encuentra en un seminario de autoayuda llamado «Sí», y pronto su vida hace un cambio interesante. ¿Cuántas veces dices «no» en la vida? ¿Perdiste oportunidades sin darte cuenta? Ya es hora de que digas «sí» a las cosas que se te presentan. Esta película inspiradora te hará pensar en todas las oportunidades que puedes haber perdido al decir «no» a las cosas.

Sin límites: Bradley Cooper interpreta a un escritor que procrastina, Eddie Morra. Te iluminará y te hará pensar en todas las cosas que podrías estar haciendo con tu vida, te incitará a tomar alguna acción y a conseguir resultados con tu vida.

En busca de la felicidad: Will Smith interpreta al vendedor Chris Gardner, que se encuentra con una gran lucha financiera y demuestra que nunca debes rendirte y no permitir que las circunstancias destruyan tus sueños.

La imaginación conduce a la libertad

Te comento que en el pensamiento hebreo para imaginación se utiliza la palabra *yetser*, que significa forma, concepción, obra, pensamiento, condición, designio, intento o aquello que se propone de antemano. Su equivalente en griego es la palabra *dianoia*, que literalmente significa lo que pasa o entra en nuestra mente, se refiere al pensamiento reflexivo y de argumentación, se traduce como entendimiento, mente, pensamiento, y como corazón.

En las Escrituras se dice que «lo que se ve fue hecho de lo que no se ve». Las cosas visibles fueron creadas a partir de las invisibles. Lo que experimentamos con nuestros sentidos físicos fue hecho de cosas espirituales. Cuando Dios creó el mundo dijo «sea la luz» y hubo luz desde entonces.

Lo espiritual afecta lo físico. Si queremos cambios en lo material, primero tenemos que cambiar nuestra percepción de lo espiritual en nuestra vida. Esto se realiza a través de nuestra imaginación o *dianoia*.

De hecho, el potencial imaginativo nos hace más libres.

Es sin duda uno de los recursos más ricos que tiene la mente humana. Te permite innovar, generar ideas y ser creativo. Cada persona tiene un proceso particular para desarrollarla, y para ello hay que eliminar el temor. Combinada con el control mental y los decretos, te permite materializar tus objetivos.

Por lo general, las personas más exitosas son quienes se atreven a soñar, quienes no tienen miedo a probar algo distinto.

Una fábula ilustrativa

Pero no olvides que si subes muy alto te puedes caer. O sea, conserva los pies en la tierra para que no te pase como a Ícaro, que quiso volar más alto de lo que sus alas se lo permitían y cayó al mar. Este es el mito, te lo cuento por si no lo conoces y para que comprendas de qué hablo: Ícaro estaba retenido junto a su padre, Dédalo, en la isla de Creta por el rey de la isla, Minos y decidió escapar. Se puso a trabajar para fabricar alas para él y su joven hijo, Ícaro. Enlazó plumas entre sí uniendo con hilo las plumas centrales y con cera las laterales. Al fin, batió sus alas y pudo volar. Equipó igualmente a Ícaro y le advirtió que no volase demasiado alto porque el calor del sol derretiría la cera, ni demasiado bajo porque la espuma del mar mojaría las alas y no podría volar. Pasaron varias islas. Entonces Ícaro se confió y subió más de lo aconsejable. El sol ablandó la cera y cayó al mar. Su padre lloró y en su memoria, llamó Icaria a la tierra cercana al lugar del mar en el que Ícaro había caído

Quien materializa su propia fantasía, encuentra el estímulo para atreverse a hacerla realidad.

Lo contrario es limitarse a vivir según lo establecido y a conformarse con lo que le toca. Imaginar nos permite abrir los caminos para alcanzar nuestros deseos.

Usando tu imaginación puedes diseñar tu futuro

¿De qué modo?

Imaginando que aquello que deseas ya está presente en tu vida, anticipas el resultado, y puedes crearte una vida a tu medida.

Para ello, siente la emoción como si tu sueño se hubiera hecho realidad: ¿cómo te sentirías?, ¿qué pensarías?, ¿cómo te comportarías si tu sueño ya fuera una realidad?

Lo que no conviene

Si estás acostumbrado a usar el poder de tu imaginación de forma negativa y catastrofista. Por ejemplo: no voy a aprobar este examen, seguro que me pongo nervioso y se me olvida todo. Pensando así, creas esta realidad, y cuando suspendes, te repites que tenías razón en pensar que ibas a suspender el examen, sin ser consciente de que en el momento que usas el poder del pensamiento, imaginando resultados negativos para ti, los estás creando en tu realidad.

Te invito a que te preguntes: ¿por qué el mundo está como está?, ¿por qué hay tanta violencia y agresividad?, ¿por qué tantas diferencias entre las personas?

Ahora piensa en qué escuchas diariamente en los programas de noticias, ¿son noticias esperanzadoras, positivas, ilusionantes? O, por el contrario, ¿son negativas, agresivas y catastróficas? Y en la mayoría de las conversaciones que mantienes con tus seres queridos o amigos, y las que escuchas por la calle o en el transporte público, ¿son ilusionantes, positivas, esperanzadoras o, por el contrario, son negativas, de queja y críticas?

Todo lo que piensas y dices son semillas que plantas y crean tu realidad presente y futura. Si creas negatividad, vivirás las consecuencias de tus creaciones; si piensas, imaginas y expresas cosas positivas y agradables, crearás un presente y un futuro agradables para ti, esa es la ley que rige el Universo, y así actúa de forma infalible.

Lo que sí conviene

Ten en cuenta que la mente racional es muy limitada y que se guía por lo que le muestran las emociones y la forma de sentir de la persona. Tú puedes imaginar y crear tu futuro maravilloso, aunque tu presente no sea agradable para ti, justamente usando tu poder de anticipación del futuro y tu imaginación sembrarás semillas de bienestar y felicidad, que te darán una magnífica cosecha.

Cuando te asegures de qué es lo que quieres, despreocúpate, y empieza a vivir como si ya se hubiera manifestado en el plano físico, con las emociones y conductas que te provocaría tal situación en tu día a día. Hazlo con la mayor intensidad y seguridad hasta que se materialice en tu vida. El resultado es seguro, sin ninguna duda.

RECORDATORIO PARA TU REFLEXIÓN

- **Relájate. La imaginación ha de ser algo fluído y divertido**, la imposición es la antítesis de la fantasía. Por tanto, trata de adoptar un enfoque despreocupado y ayúdate de prácticas de meditación para dejar la mente en blanco. En ocasiones, el ruido mental nos impide escuchar la voz de la intuición.

- **No censures tus ideas.** Estamos muy acostumbrados a ser críticos y exigentes con nosotros mismos, pero de este modo nos privamos de posibles ocurrencias brillantes. Por tanto, cuando te enfrentes a un dilema realiza una tormenta de ideas, plantea todo lo que se te ocurra sin censura. Muchas de las opciones tal vez no tengan sentido, pero te ayudarán a comenzar a pensar de un modo diferente.

- **Deja que salga tu niño interno**, él sabrá qué hacer.

- **Escucha tu intuición**, es la que te marcará los límites, que no debes confundir con los miedos irracionales: imagina, pero reconoce y acepta tus limitaciones. Busca el camino que está ya en ti antes de tomar forma.

- Controla los siguientes aspectos de la mente creativa en ti:
  - **Fluidez:** Es la capacidad de **generar numerosas ideas o respuestas** a preguntas generadas por la mente en lugar de las que tenemos, condicionados por lo que hemos visto u oído en otras ocasiones. Una mente creativa es capaz de generar nuevas ideas.
  - **Flexibilidad:** Es la capacidad de **encontrar y admitir alternativas diferentes** y favorece la cantidad de posibilidades. Para conseguirlo, te conviene practicar una actividad que te permita dejar la mente vacía y relajarte. De este modo, tras esa actividad, las ideas fluyen naturalmente.
  - **Originalidad:** Se basa en pensar **ideas** que nunca se han pensado o desde una nueva perspectiva de una solución ya dada.
  - **Elaboración:** Permite darle sentido a las ideas o las respuestas, ya sean nuevas o existentes.
  - **Copia o reproduce algo ya existente** y adáptalo a tu manera.

Cuando aplicas esta herramienta maravillosa, estás creando tu realidad.

Esa es la Divina capacidad que tenemos las personas.

La Ley del Universo dice «de dentro hacia afuera», piensa en el resultado y se manifestará. El poder de la imaginación es muy grande y muy creativo, y unido al poder de la disciplina y de la constancia te permite crear tu realidad.

Un caso de mi consulta
Quiero vivir en una casa y tener un caballo propio

Esta es la historia de una pareja que vino a verme porque no se sentían felices viviendo en su piso de Barcelona.

Deseaban con todo su corazón vivir en un pueblo del Maresme en una casa con jardín, donde pudieran tener un caballo. Les encantaba montar a caballo, sobre todo a él.

Me conocieron a través de unos amigos muy cercanos, que les habían hablado de mí. Les explicaron que estaban muy contentos porque habían logrado cambiar de trabajo después de hacer algunas sesiones conmigo.

Martín y Charo querían conseguir un cambio de vivienda y de ubicación, anhelaban dejar la ciudad y vivir en un pueblo pequeño de la provincia de Barcelona.

Les parecía difícil de alcanzar su sueño, pero allí estaban, delante de mí, explicándome su proyecto y sus ilusiones.

Les aclaré que lo podrían lograr, que el Universo siempre responde, pero que para lograrlo hacían falta tres cosas muy importantes: «no tener expectativas, no tener miedo, y confiar en que lo iban a conseguir».

Con esa actitud, el Universo les ayudaría a manifestar aquello que más les conviniera a ellos y siempre sería para su mayor bien, y el de todas las personas implicadas.

Lo primero que les encargué, y que debían traer en su próxima visita, fue una lista con la descripción detallada de las siguientes cosas:

Metros cuadrados del terreno.
Ubicación y localización ideal de la casa.
Metros cuadrados de la casa.
Número de plantas y de habitaciones.

Descripción y cantidad de baños.

Descripción de la cocina.

Descripción del jardín.

Etc.

Especificar la raza y demás detalles del caballo que deseaban comprar.

Cuando llegaron de nuevo a mi consulta, habían hecho los deberes, traían la lista perfectamente detallada de cómo imaginaban la casa de sus sueños, con todo lujo de detalles.

Ese mismo día, les enseñé la manera de empezar a atraer y finalmente materializar su nuevo hogar.

Trabajaríamos la visualización creativa anticipativa, que consistía en que, dos veces al día, mañana y noche, buscaran un lugar tranquilo y durante unos quince minutos imaginaran y visualizaran la casa que habían descrito en su lista.

Debían sentir como si ya vivieran en ella. Lo felices que se sentían y las cosas que harían cuando vivieran en su nuevo hogar. Les recomendé que lo vieran y lo sintieran como si ya estuvieran viviendo allí.

Cuando regresaron a verme al cabo de nueve meses, lo hicieron con una gran sonrisa, habían encontrado y comprado la casa de sus sueños en un pueblecito del Maresme, y lo mejor era que la casa estaba en una urbanización que tenía una hípica, donde pudieron comprar y alojar el caballo que tanto deseaban tener. Estaban fascinados con todo el proceso.

Todo les fluyó desde que empezaron el trabajo de «visualización creativa». Ahora estaban convencidos de que podían materializar sus sueños si lo hacían con los códigos y la vibración adecuados.

Anexo:

Recursos: Amplía tu campo de asociaciones

Indagar en el propósito de lo que haces y lo que verdaderamente te motiva puede abrirte una puerta hacia algo que no habías pensado. Incluso podría ser que bajo tu deseo de prosperidad o de riqueza se esconda otro deseo más fuerte: tu verdadero anhelo. Para que se revele, la activación de las asociaciones viene en tu ayuda.

Piensa en las cosas que nunca te preguntaste por qué las haces. Piensa en lo que has hecho estos días. ¿Tiene que ver con una elección verdadera o es con el automatismo, la urgencia, el no fallarle a los demás, por miedo a perderse algo o por comodidad?

Recupera historias orales

Recuperar las historias que te contaron en alguna época de tu vida puede ser muy productivo. Seguro que en alguna de esas historias radica un deseo oculto en ti.

Pide que te cuenten anécdotas vividas en un período determinado de la vida. Hazle preguntas específicas a tu interlocutor.

¿Cómo las procesas?

Utiliza la anécdota tal como te la contaron, selecciona los datos que más te interesan y saca conclusiones.

Ejercicios prácticos para utilizar el poder de la imaginación

Material necesario

Libreta, lápiz y goma de borrar

1. Es importante que, antes de usar el poder de tu imaginación, pienses muy bien qué es lo que quieres para ti.

   Si por ejemplo es tener una casa de propiedad, deberás escribir en tu libreta todas las características que enumero a continuación, y puedes agregar algunas más que a ti se te ocurran:

   • Lugar donde quieres la casa

   • Metros cuadrados aproximados

   • Cantidad de habitaciones y estancias

   • Número de plantas

   • Estilo y diseño preferidos

   • Materiales

   • Jardín o no

   • Metros cuadrados aproximados del jardín

   • Garaje

   • Numero de plazas para coches.

   Cuantos más detalles especifiques, mejor. Recuerda que estás creando tu futuro.

2. Después piensa las cosas que harías en esta casa de tus sueños, si ya estuviera presente en tu vida.

   • Sentada en el sofá leyendo

   • Cocinando en tu magnífica cocina

   • Haciendo una barbacoa con tus amigos en el jardín

   • Disfrutando de tu jardín en verano

   • Arreglándote en tu magnífico baño

   • Guardando tu ropa en tu vestidor

   • Etc.

Completa la lista con todo lo que te gustaría hacer en tu nueva casa.

3. Cada día, por la mañana y por la noche, busca un lugar cómodo para ti e imagina cómo te sientes en ese nuevo espacio para vivir todas las emociones y sentimientos que surgen en ti. Imagina si estás más feliz, más contento, más empoderado y seguro de ti mismo. Cuantos más detalles sientas, mucho mejor.

4. Repite estas visualizaciones las veces que puedas durante el día. La práctica de la disciplina y la constancia son para el mundo espiritual lo mismo que ir al gimnasio. El ejercicio constante sirve para lograr un buen mantenimiento y una transformación en el cuerpo físico. Las visualizaciones te ayudarán a tener tu cuerpo energético en forma, muy necesario para lograr la manifestación en el plano terrenal.

Acostúmbrate a utilizar tu mente para imaginar y crear cosas bonitas, ahora que sabes que lo que piensas e imaginas se convierte en realidad.

Puedes hacer lo mismo con cualquier otra necesidad o deseo que quieras materializar: trabajo, salud, familia etc. El proceso es exactamente igual.

En suma: crea tu vida con el poder de tu imaginación, si imaginas cosas bonitas para ti y para tu entorno estás sembrando una buena semilla que creará excelentes frutos en tu futuro. Nuestra realidad presente siempre es el resultado de nuestros pensamientos e imaginación pasados.

Escucha a Neville: «La imaginación es el comienzo de la creación. Imagina lo que deseas y luego cree que es real. Todos los sueños pueden ser realizados por aquellos que son lo suficientemente disciplinados como para creer en ellos».

Otro ejercicio

La salud es muy importante, y es la base de cualquier iniciativa que queramos emprender. Así pues, cada día al levantarnos practicaremos esta visualización creativa para potenciar nuestra salud.

Imagina una hélice de tu ADN. Si no has visto nunca la imagen, busca una en Google y retenla en tu mente.

Pon en tu pantalla mental la imagen de tu hélice de ADN y hazla tuya; estás iniciando una conexión con tu ADN y es importante que así lo sientas.

Imagínate tu hélice de ADN perfecta, completa y reluciente con una luz verde intensa que la recubre y recarga completamente. Has de saber que el verde es el color de la energía curativa y regeneradora. Después de visualizar tu hélice de ADN resplandeciente y perfecta empieza a imaginar todos los sistemas y órganos de tu cuerpo.

Empezarás por tu sistema óseo, tu esqueleto, y lo verás resplandeciente y completo.

Después seguirás con tu sistema nervioso, que también verás resplandeciente y en perfecta salud.

Seguirás con tu sistema circulatorio.

Tu corazón, tu cerebro, tus pulmones, tu hígado, tu bazo, tus riñones, tu estómago e intestinos, tu órgano reproductor, y así con todos los órganos que componen tu organismo. Los visualizarás brillantes y perfectos recubiertos con esa luz verde intensa.

Terminarás visualizando todo tu cuerpo, empezando por la cabeza y bajando por el cuello, los brazos, las manos, el tronco y las extremidades inferiores. Todo tu cuerpo envuelto y vibrante en la luz verde de sanación.

Al mismo tiempo que realizas la recarga energética de tu cuerpo, mentalmente repetirás el siguiente decreto que fijará y multiplicará el efecto de tu visualización:

Yo Soy la perfecta salud de mi cuerpo, de mi mente y de mi espíritu.

Gracias, gracias, gracias.

PODER 3

DEL CORAZÓN
(nuestro segundo cerebro)

Asegúrate de que cada día el amor está detrás
de cada uno de tus actos.
El amor verdadero hace milagros, porque el mismo
es ya el mayor milagro.

AMADO NERVO

El poder del corazón, que mueve las emociones, es importante para vibrar con la frecuencia adecuada y atraer aquello que quieres.

Recuerda la Ley de Atracción:

Aquello en lo que te concentras se manifiesta.

Y yo agrego: **siempre que además lo sientas y lo practiques desde tu corazón.**

Nada es casual. Ni siquiera nuestro nombre. El de mi padre era Amado, y era un ser especial que ponía en movimiento el amor en sus variadas versiones. Entonces no lo sabía, pero puedo asegurar que, gracias a su generosidad, bondad y positividad, y a todas las vivencias maravillosas que experimenté con él en la infancia, he podido desarrollar mi conciencia de prosperidad y abundancia que me ha ayudado a ser la mujer que soy hoy en día. Vibrar en bondad y armonía provoca que tengamos los mejores pensamientos.

Del sentimiento al pensamiento

En general, pensamiento y emoción se consideran una misma vía de doble sentido. En ocasiones, las emociones provocan pensamientos y, en otras, los pensamientos generan emociones.

Según gestionemos la carga emocional positiva o negativa, se modula el temperamento.

Para ello, conviene tener en cuenta que adaptamos las conductas de manera más o menos consecuente a las situaciones que vivimos u objetivos que nos planteamos, pero también a los recuerdos y emociones que afloran y a un aprendizaje previo, que debemos hacer consciente.

Las teorías fisiológicas de las emociones suponen que las emociones surgen de la detección, por parte del organismo, de indicadores fisiológicos anteriores, que el cerebro traduce en forma de emoción.

Después, el pensamiento guía el ánimo para hacer cosas, resultando así nuestras acciones presentes y futuras.

Por ejemplo, el sentimiento de vergüenza que puede vivir alguien al hablar ante el público al dar una clase o una conferencia, lo puede llevar a pensar que no estuvo acertado y la consecuencia es decirse a sí mismo que no sirve para esa tarea.

Por consiguiente, ser conscientes de lo que sientas te permitirá comprender si lo que piensas es acertado o no.

Precisamente, Neville Goddard (en lo que él llamaba «La Ley», hablaba de una técnica de creación de la propia realidad física a través de la imaginación), dice que «hay que dejar de prestar atención a las apariencias, desmentir los hechos que vivimos por nuestros sentidos, y cambiarlos por emociones de gratitud, plenitud, confianza, felicidad, alegría». Tienes que tratar de que tus pensamientos basados en el amor siempre contribuyan a tu bienestar y prosperidad. Es importante saber que no hay pensamientos neutros, todos tienen efectos sobre nosotros y consecuentemente para nuestra vida.

Cuando ponemos nuestra atención en las carencias que tenemos, las estamos creando, si deseamos algo tenemos que poner nuestra atención en lo que deseamos, si deseo dinero pongo mi atención en que tengo el dinero que necesito, y además me llega fácil, en lugar de poner la atención en que no tengo dinero y que me es difícil conseguirlo.

Insisto: el secreto de la manifestación es unir pensamiento, palabra y emoción para elevar nuestra vibración y atraer aquello que ya está en lo invisible para nosotros.

Imaginar, sentir y darlo por hecho es lo más importante para manifestar los sueños. Si soy capaz de creerlo, el éxito es inevitable.

La piedra filosofal, por ejemplo, era conocida como uno de los objetos que los alquimistas buscaban crear porque lograba concentrar tanto poder que podía convertir metales comunes en oro.

Esa piedra filosofal existe en el mundo de la mente. Equivale a la forma de organizar nuestras ideas y nuestras percepciones para interpretar la realidad.

Pero cómo hacerlo?

Con la voluntad y la disciplina puedes crear estados de ánimo positivos. Por ejemplo, si eres agradecido por lo que tienes, sea poco o mucho, generarás felicidad y abundancia.

Si frente a los problemas que existen actualmente en la humanidad se utilizan los viejos paradigmas y métodos para solucionarlos, es obvio que no se solucionan. Son solo parches que no arreglan las situaciones. Hay que empezar a aplicar las herramientas espirituales que todos tenemos y que podemos activar para solucionar las cosas, utilizar más el plano espiritual para ayudar a vivir en un mundo mejor.

Para conseguir las cosas que quieres, tu vibración debe ser elevada y tus pensamientos deben ir de la mano con lo que sientes, expresas, haces y, por supuesto, con aquello que quieres conseguir. Por ejemplo: si quieres conseguir amor y estás enfadado o agresivo, no estás sintonizando con la frecuencia de lo que deseas, entonces estas vibraciones energéticas opuestas harán difícil que logres tu deseo.

Recuerda que todo en lo que pones atención queda incluido en tu mundo, o se incrementa. Somos seres con capacidad de crear, y ahora estás aprendiendo las Leyes Universales que te ayudarán a crear tu realidad.

De mi padre

Un sentimiento que acelerará tu creación es la gratitud; agradecer tu deseo como si ya estuviera presente en tu vida abre las puertas de la manifestación. Además, siempre que agradezcas te estás generando felicidad, una emoción que aumenta tu vibración, y eso también ayuda a tu propósito.

En este sentido, recuerdo que mi padre solía decir que estaba muy agradecido a su patrón, el señor Morera, por el trabajo que le daba en su panadería y que nos permitía vivir tan cómodamente como vivíamos. Era panadero de profesión y, a pesar de que su turno era el nocturno y se pasaba todas las noches horneando pan, le veía llegar sonriente con el pan del día recién horneado que traía calentito en la bolsa de tela que le daba mi madre, justo a punto para prepararme el bocadillo que me llevaba al colegio. Yo corría a recibirle y me echaba en sus brazos, él me levantaba muy alto y, abrazándome contra su pecho, me repetía: «¿Cómo está mi princesa preciosa? Solo tú y el rey de España comen el pan tan bueno que amasa tu padre». Y me sentía muy especial.

Esto demuestra que mi padre ejercía a la vez la alegría y el placer, dos factores que forman parte del amor a uno mismo. En cuanto al placer, le encantaba el flamenco, su ídolo era Manolo Caracol, del cual le gustaba tatarear todas sus canciones. Disfrutaba también de tomar sus carajillos de coñac Soberano, mientras encendía repetidas veces sus farias (una especie de puros baratos) que se le iban apagando mientras las fumaba.

En cualquier caso, convéncete de que eres un Ser Creador. Puedes crear tus propios fracasos si ignoras las leyes del Universo, o puedes crearte una vida plena, si conoces las leyes y las aplicas en tu día a día con constancia y disciplina.

Dos ejemplos sugerentes

En este sentido, Howard Schultz, de Starbucks, con una fortuna de 2.000 millones de dólares, nació en Nueva York en 1953, y de chico fue enviado a un hogar para pobres. Gracias a su talento para el fútbol americano, obtuvo una beca para la Universidad de Michigan del Norte, lo que le permitió obtener un empleo en Xerox y después en la cadena de cafeterías Starbucks, que en ese momento tenía 60 sucursales y hoy tiene más de 16.000 comercios en todo el mundo.

«Quería escalar esa valla que me separaba de la gente que tenía más dinero y familias más felices. Por alguna razón quería lograr algo que estuviera más allá de lo que la gente decía que era posible. Puede que use americana y corbata ahora, pero nunca olvido de dónde vengo», contó en una entrevista concedida a *The Mirror*.

También Francois Pinault, dueño de una gran fortuna, que nació en 1936 en la comuna de Les Champs-Géraux, Francia, formó parte de una familia de bajos recursos. Tuvo que abandonar la escuela cansado del hostigamiento al que era sometido por ser pobre. Pero ese resentimiento sirvió como combustible para su ambición, que lo llevó a ser uno de los mayores empresarios mundiales de la moda, conocido por sus despiadadas estrategias comerciales. Actualmente dirige el conglomerado Kering, dueña de marcas de primer nivel, como Gucci, Stella McCartney, Alexander McQueen e Yves Saint Laurent.

Un caso de mi consulta

Sergio era un hombre frío y mental. Noté que se protegía de los sentimientos y de las emociones. Deduje en nuestra primera sesión que había sufrido mucho en su infancia y que personas a las que amó y que eran importantes para él le habían decepcionado.

A los 15 años, y cuando más necesitaba la imagen masculina, su padre les abandonó para irse con su secretaria. La familia quedó sumida en el dolor emocional y con carencias de todo tipo, de modo que nunca más abrió su corazón al amor o iba con muchas precauciones cuando lo abría.

Se convirtió en un hombre apuesto y trabajador. Terminó la carrera de Económicas más dos másteres en el extranjero. Tenía un buen currículum, lo cual hizo que gozara de un buen puesto de trabajo en una importante multinacional.

Pero había perdido la confianza en el amor, y de alguna manera no se sentía merecedor de recibirlo, por ese motivo, aunque las mujeres se le acercaban, su subconsciente se las arreglaba para boicotear la relación y acababan dejándolo. Recreaba en sus propias relaciones el abandono que sufrió por parte del padre.

A pesar de todo, quería encontrar el amor de su vida, y estaba decidido a modificar sus creencias y patrones para lograrlo.

Y puesto que el amor forma parte de la prosperidad, trabajé con él los 7 poderes. En esta ocasión, el que más atención nos merecía era el poder de sentir y emocionarse desde el corazón.

Creamos el perfil del tipo de mujer que quería como compañera de vida. Una vez que tenía todos los detalles, empezó a practicar la meditación desde el sentimiento profundo, tratando de «sentir» que ya estaba enamorado y todas las emociones que le provocaba: alegría, gozo, dicha, placer, mariposas en el estómago, como si estuviera con ella, con su mujer ideal. Incluso debía experimentar las emociones que afloraban en él cuando no estaban juntos.

Durante tres meses, practicó la meditación diariamente hasta que logró sentir la plenitud que proporciona el amor, primero hacia uno mismo y después proyectado hacia los demás.

Cuando estaba casi a punto de cumplir cuatro meses de su primera visita, me llamó para comunicarme la buena nueva: «se había enamorado hasta las trancas» y lo mejor era que ella le correspondía con creces, se sentía feliz, y me repetía «no me lo puedo creer».

Así es como actúa el poder del corazón, pruébalo y te convencerás.

RECORDATORIO PARA TU REFLEXIÓN

- Ten la seguridad de que lo que quieres ya es real en el mundo de lo invisible. No importa si lo que quieres cambiar es una mala relación, un problema económico o un tema de salud, asume que ya está solucionado, que está presente en tu vida, que ya disfrutas de ello y se hará realidad.

- No quieras controlar ni dirigir de qué forma llegará tu sueño a tu vida; por el contrario, confía y siente que lo que quieres ya es una realidad. Vívelo, siéntelo, actúalo y se manifestará en el mundo de las formas.

    Aquello en lo que te concentres se manifestará en tu vida, por lo tanto, vive mentalmente en la relación de tus sueños, o en el trabajo de tus sueños, o en la casa de tus sueños hasta que lo veas llegar a tu vida. Siente un estado, reproduce ese estado.

    Cuanto más feliz y alegre te sientas, más fácil te será manifestar tus sueños. Para conectar con el poder de la manifestación de la fuente hay que vibrar alto, desde bajas vibraciones como envidia, rabia o furia no manifestarás nada positivo.

La unión del poder de la mente con el poder del corazón es infalible. Así pues, piensa e imagina con tu mente, y siente con tu corazón las emociones fantásticas de tus futuros logros como si ya estuvieran manifestados. Y el éxito estará asegurado.

No tengas prisa, disfruta el camino, recuerda que cuanto más convencido estés de tu logro, antes lo tendrás presente en tu vida, y no te olvides de ser muy consciente y de estar atento mientras lo haces.

La disciplina en la práctica diaria de la visualización es muy importante, y asegura el resultado.

Puedes añadir una coletilla extra a tu petición, porque el Universo es muy generoso, como por ejemplo: «esto o algo mejor se manifiesta ahora para mí, y para el bien de todas las personas implicadas. Gracias, gracias, gracias».

- Armoniza el subconsciente con la conciencia

Para hacerlo puedes anotar qué es lo que significa emocionalmente ser rico para ti, en qué crees que te beneficiaría la prosperidad en tu vida y cómo te afecta la falta de prosperidad.

Repite desde el corazón la palabra «prosperidad» varias veces antes de dormirte.

Y dirige tus pensamientos hacia la idea de la abundancia asociada a la paz cuando te despiertas por la mañana.

Recuerda estas ideas durante el día y así encontrarán su camino para traerte la abundancia.

Convéncete de que ya posees toda la riqueza que deseas y siente la emoción consecuente.

Si el pensamiento es creativo y la palabra también, sentir la emoción es la cereza que culmina el pastel de la materialización.

Borra de tu mente las creencias negativas sobre el dinero.

Reemplázalas por la idea de que puedes ayudar con amor a quienes lo necesiten y no olvides el inicio de este camino.

Anexo:
Recursos: Contacta con tus verdaderos sentimientos

Los conductores de la dificultad son a menudo los sentimientos vinculados a la valoración que uno hace de sí mismo.

En la medida en que tengas temas pendientes, no podrás pensar en nuevos temas. Hay cosas que no puedes decirte ni siquiera a ti mismo. En ese caso, te conviene confeccionar dos listas, una de sentimientos positivos y otra de sentimientos negativos.

La vida de cada persona constituye un *collage* singular. Acumulas ideas que no llegas a desarrollar, te comparas con otras personas y tu primer pensamiento es: «Yo no sería capaz» o «Esto nunca se me hubiese ocurrido a mí», reacciones que no concuerdan con tu deseo. Sin embargo, ¿lo has intentado?

¿Y si no lo consigues porque te domina el miedo?

Te lo aclaro: Cuando uno no le teme a una situación, esa situación deja de afectarle.

El miedo es una fantasía y en la realidad puedes enfrentarlo perfectamente si le restas importancia. Como en la historia que ocurrió hace años en Múnich.

Resulta que en Múnich, un tigre se escapó de un circo, entró en la vivienda de una mujer por la ventana, pasó junto a ella y se acurrucó en la alacena. La mujer creyó que se trataba de un gato algo más grande de lo común. Tomó una escoba, se le acercó, lo golpeó una y otra vez, enfadada porque le había embarrado la casa. El tigre tembló de miedo.

Entonces llegaron unos hombres, con armas y redes, y lo capturaron fácilmente, puesto que, con tal de escapar de los escobazos, no opuso resistencia. Y aunque después la mujer casi se desmaya, mientras supuso que era un gato lo dominó, y el tigre se amedrentó ante su ataque decidido.

Entonces, una sugerencia: Desecha el miedo. ¿De qué modo?

El que teme no consigue lo que quiere. Concentra tu energía en tus metas y otros problemas se resolverán por sí solos.

Ejercicios prácticos para sintonizar con la emoción adecuada desde el corazón

Para ser consciente del sentimiento que nace del corazón haremos cada día el siguiente ejercicio:

Imagina que estás con tu mejor amigo o amiga… Imagina que estás caminando por un sendero en el bosque. Hace un día claro y soleado y tienes que sentir la emoción que se produce en tu corazón cuando sientes el aire que mece las copas de los árboles y acaricia tu piel. La emoción que sientes al visualizar los rayos de luz atravesando las copas de los árboles e iluminando tu camino… Estás conversando con tu amiga o amigo y ambos recordáis anécdotas de vuestra infancia que te hacen sentir muy unido a esa persona y sientes en tu corazón cuánto la aprecias y cuán agradecido estás de que forme parte de tu vida.

Practicar esta visualización durante 7 días te ayudará a desarrollar tu capacidad de visualizar y de sentir desde el corazón las emociones que te despierta el hecho de estar en medio de la naturaleza en compañía de un ser al que aprecias mucho, y al cual te unen innumerables recuerdos. Te permitirá coger la práctica y desarrollar la capacidad de imaginar y de sentir al mismo tiempo. Es una especie de gimnasia mental.

RECOMENDACIÓN: Es muy importante que, en el momento de pensar en tus afirmaciones y decretos, seas muy consciente de lo que estás haciendo, y pongas corazón y fe en este trabajo. No se trata de repetir las frases como lo haría un loro, hay que identificarse con lo que se piensa y se decreta, eliminando cualquier duda al respecto sobre su manifestación y efecto en el plano físico.

Si practicas estos ejercicios simples, pero poderosos, no solo alcanzarás tus objetivos, sino que además elevarás tu vibración y tu vida cambiará exponencialmente hacia la abundancia y la conciencia de saber que formas parte de un todo.

1. Te reitero que en principio es importantísimo sentir las emociones como si tu logro estuviera ya materializado para que se haga realidad.
2. Sea lo que sea lo que desees alcanzar en tu vida, una casa nueva, un trabajo, una pareja, etc., actúa como si ya lo tuvieras.
3. Debes escoger muy bien aquello que quieres que se manifieste en tu vida. Si deseas una pareja, siente el amor la

felicidad, la alegría que supondría para ti que el hombre o la mujer de tu vida estuviera a tu lado. Cómo te arreglarías, y te sentirías, si estuvieras en realidad con ese ser.

Pon un cubierto más en la mesa.

Prepara la cama como si durmieras con esa persona. Cómprate ropa íntima o de calle pensando en ese ser y acelerarás su presencia.

Así, pues, cada mañana y cada noche antes de irte a dormir pensarás y te sentirás como si ya estuvieras con la persona de tus sueños a tu lado.

Cuantas más veces lo sientas y lo actúes durante el día, incorporándolo a tu realidad, más lo atraerás al mundo de la forma. Ese es el poder que tenemos todas las personas, solo hay que ponerlo en marcha.

En suma, practica la empatía.

Acércate con naturalidad a las personas ricas. Recuerda que los pensamientos negativos, incluidos la envidia y los celos, serán barreras para conectarte con el dinero.

PODER 4

Del Yo Soy

O bien nos hacemos a nosotros mismos miserables, o bien nos hacemos fuertes. La cantidad de trabajo es el mismo.

CARLOS CASTANEDA

A estas alturas, ya te habrás dado cuenta de que lo que tienes que registrar son las contradicciones, para bien y para mal. Para bien, se trata de perseguir y conseguir la abundancia en el exterior, sí, pero no olvidándote de la abundancia interior. La abundancia interior consiste en que estén alineados, que funcionen en la misma dirección, tus sentimientos, tus palabras y tus actos. Sentir, decir y actuar de forma coherente.

Entonces, controla que tus creencias no contradigan el verdadero beneficio de la riqueza material, sino que le otorgues un poder desde tu Yo Superior y no desde tu ego. He aquí la clave. Para poner en práctica ese poder, en este capítulo te muestro una llave para conectar directamente con lo Divino que habita en ti, pero que tal vez estaba en la sombra. Esa llave es el poder del Yo Soy.

Ya dije en el capítulo anterior que el amor más importante es el amor propio. Quererse a uno mismo permite querer a los demás. También esta cuestión está vinculada al Yo Soy: te conduce a creer en ti mismo, que es un componente importante del amor propio.

Dos momentos

La práctica del Yo Soy se compone de dos momentos: el decreto y la afirmación.

Decretar es utilizar la clave maestra Yo Soy para solicitar al Universo todo aquello que deseamos manifestar, ya sean cualidades personales, curación de enfermedades, consecución de objetivos, etc.

De este modo, Yo Soy se convierte en un poder Divino. Al invocarlo, estás reconociendo que dentro de ti hay una parte que puede crear y que se puede conectar con la fuente manifestadora de todo lo que existe en el mundo visible e invisible. Por esta razón los decretos son tan poderosos.

¿Qué diferencia hay entre una afirmación y un decreto?

Una afirmación cambia nuestro pensamiento desde la intención y la repetición, siempre de negativo a positivo.

Un decreto utiliza la llave Yo Soy, que nos conecta con nuestra divinidad para materializar y solucionar nuestras cosas de la forma más elevada.

En la práctica, es una oración en la cual afirmamos que lo que queremos ya está manifestado. Se fusionan así el poder del pensamiento positivo y el poder de la anticipación.

Repetir esta oración como un decreto pone en marcha la energía transmutadora que modificará tu realidad. Pero ten en cuenta que, según vibres, así sientes y así te manifiestas. Por consiguiente, es importante mantener una vibración elevada para conectar y atraer la materialización desde la fuente. Si lees las biografías de los más ricos del planeta, verás que la clave de su riqueza está en sus pensamientos, pero ten en cuenta que esos pensamientos funcionan al máximo cuando provienen del sentimiento.

Cuando digas Yo Soy con sentimiento y convicción, estarás poniendo el amor de Dios en acción, y que trabaje para ti.

Está demostrado que un estado emocional negativo puede ser transmutado y cambiado por los decretos. El decreto afirma lo que tus sentidos niegan, aquí está el poder del cambio.

En este sentido, hay dos emociones que pueden ser devastadoras y que se interponen entre tú y tus logros: el miedo y la duda.

¿Te suenan familiares?

Si es así, concéntrate en este capítulo.

Dudar o temer que no vas a lograr tus objetivos paraliza tus metas. Es como si fueras por una autopista conduciendo tu automóvil para llegar a tu objetivo, y de repente dieras un frenazo que detiene el motor, te quedas estancado y no puedes avanzar.

A darle la vuelta, pues.

CONCLUSIÓN

Si te convences de que no puedes, nunca lo lograrás. Si te convences de que puedes, el éxito está asegurado. Se encuentra en tu estado mental y emocional, tienes que vibrar alto para conseguir tus metas.

Es de suma importancia que seas consciente y honres el poder de la llave Yo Soy cuando la utilizas, ya que te ha sido revelada para ayudarte a manifestar tus objetivos, y darle la vuelta a las situaciones que quieras cambiar.

Cree en ti

«Cree en que lo puedes hacer y ya estás a la mitad del camino», dijo Theodore Roosevelt.

El concepto que tienes de ti mismo es lo que ves manifestado en tu mundo.

¿A qué crees que se debe que no alcanzas la riqueza que deseas?

Ante esta pregunta, responde por escrito. Déjala descansar unas horas y reléela cuando puedas. Analiza desde cuál de los componentes de tu voz interior has respondido.

¿La que te recuerda tus carencias o tus limitaciones?

¿La que se apresura a poner en escena tus temores?

¿La que reproduce las críticas que te hacían en la infancia y en la adolescencia?

Si es así, llegó la hora de enfrentarse a esa voz interior y dejar paso a la que te valora.

Y para eliminar las experiencias tóxicas y empoderarte recurre a los ejercicios que enumero en la práctica, convencido de que ganarás la partida.

Para empezar, ten en cuenta que esa voz no es actual, sino que reproduce mensajes caducados. Y, seguramente, por repetirte esos mensajes has dejado de seguir el camino que más te convenía.

Rescata entonces tu voz actual, la que quiere y puede conseguir la riqueza material y espiritual.

O sea, conéctate con tu yo de ahora, el Yo Soy. Para eso, cree en ti, busca el tesoro que llevas dentro, tienes la llave en este capítulo.

De mi padre

Como decía Virgilio: «Pueden los que creen que pueden». Y mi padre creía que podía. No dudaba y se arriesgaba. Seguramente, creía en él, pero creía también en las personas.

Siempre tenía un sí en su boca cuando alguien le pedía ayuda. Su generosidad era muy grande, igual que su corazón.

En aquella época, era habitual que algunos vecinos de la calle no pudieran hacer frente al pago del alquiler o de los recibos de la luz o del agua, y algunos de ellos recurrían a mi padre, que les prestaba el dinero necesario. De todos era conocida su buena disposición para ayudar. Su experiencia le demostraba que, cuando podían, esas personas le iban devolviendo el dinero, ya fuera en pequeñas cantidades hasta completar el pago, o todo junto cuando cobraban doble a final de mes.

Esa manera de actuar era otro de los motivos de enfado entre él y mi madre, pues ella no comprendía que fuera tan generoso y le acusaba de no mirar por la familia. Las discusiones siempre acababan igual, mi padre abrazaba a mi madre, y le decía:

—¿Cuándo te ha faltado a ti un billete en la cartera y comida en la nevera? Nunca, ¿verdad? Pues confía en que siempre será así; cuanto más doy más recibo, María. Dios ayuda a los que ayudan a los demás.

Mi madre se iba refunfuñando hacia la cocina y se acababa la discusión.

Ahora, viéndolo en perspectiva, reconozco que jamás en mi casa hubo ningún tipo de escasez.

Como reza el viejo refrán, aquello que siembras recoges. Si crees en ti y con esa fuerza ayudas a los demás, tras un cúmulo de buenas acciones recibirás las bendiciones que te envía el Universo.

Un cuento ilustrativo

«EL VALOR DE LAS COSAS», UNA FÁBULA BUDISTA

Cuentan que un joven visitó un día a un maestro del budismo.

—Maestro —le dijo—, siento que no valgo nada, que nadie me valora, que soy un inútil.

El maestro respondió:

—Cuánto lo siento, muchacho... pero antes de ayudarte, necesito resolver un problema y tú puedes ayudarme. Después, te ayudaré a ti.

—De acuerdo —le dijo.

Entonces, el maestro se quitó un anillo pequeño que llevaba en el dedo meñique y se lo dio, diciendo:

—Necesito que lo vendas en el pueblo. Puedes usar mi caballo para llegar antes. Pero no lo vendas por menos de una moneda de oro.

El joven intentó venderlo en el mercado, pero todos se reían de él.

—¿Una moneda de oro por esto?

Un anciano se apiadó de él y le ofreció una moneda de plata y un cacharro de cobre a cambio, pero la consigna era clara. Al final del día, desesperanzado, regresó a la casa del maestro con el anillo.

—Lo siento... nadie quiso darme una moneda de oro por él.

—Vaya, no importa... Tal vez primero debamos saber cuánto vale en realidad, ¿no crees? Toma el anillo de nuevo y visita al joyero del pueblo. Que te diga cuánto pagaría por él. Pero no se lo vendas. Vuelve para contarme qué te dijo...

El joyero sacó su lupa y dijo:

—Dile a tu maestro que le daré 57 monedas de oro por él...

—¡57 monedas de oro! —exclamó el joven.

—Sí, sé que es poco... con el tiempo podríamos sacar hasta 70, pero si tiene prisa por venderlo, es lo que le puedo dar.

El joven regresó muy contento a la casa del maestro y le dijo:

—¡Maestro! ¡El anillo vale 57 monedas de oro!

Y el maestro asintió sonriendo. Luego le dijo:

—Lo mismo sucede contigo. No todos van a valorar lo que realmente vales. Solo aquellos que puedan verte de verdad, aquellos que, como el joyero, sepan valorar. No le des importancia a lo que piense el resto.

CONCLUSIÓN

Al igual que la gente del mercado en esta fábula, puedes imaginarte o escuchar pensamientos despectivos sobre ti. Pero no dejes que te afecten. Piensa que no traducen realmente tu valor. Lo importante es que tú sepas lo que vales y te lo repitas interiormente. El maestro de esta historia sabía que su anillo era muy valioso. Y que la mayoría de las personas no pensarían lo mismo. Lo mismo puede sucederte a ti.

Un caso de mi consulta

Patricia era una ejecutiva de finanzas que trabajaba en una entidad financiera con sucursales por toda Europa. Vino a verme porque, a pesar de tener un cargo tan relevante y de ser una mujer muy atractiva, su autoestima le jugaba malas pasadas.

Me confesó que normalmente pensaba que no cerraría los proyectos que le encargaban en su empresa y que, antes de realizar las visitas a los posibles inversores, le asaltaban los miedos y dudas de que ella fuera capaz de convencer al posible cliente para que invirtiera en su entidad. Era una persona muy mental. y había leído algunos libros de autoayuda. Pero la espiritualidad no estaba presente en ella.

Las tres primeras sesiones me dediqué a introducir la positividad en su esquema mental. Apliqué la práctica del primer poder para detectar sus pensamientos y creencias más limitantes.

Una vez obtenidos los resultados, cuando pudo reconocer esas limitaciones, empecé a trabajar con ella el poder del Yo Soy.

Le dije que cuando tuviera alguna duda en cualquiera de sus ámbitos, el personal o el laboral, invocara a su Yo superior. Así él asumiría el mando de la situación, y la ayudaría a superar cualquier obstáculo. Para ello, encontramos juntas tres decretos que debía practicar, dependiendo de la situación que tuviera que resolver:

Yo Soy la presencia que gobierna y resuelve esta situación ahora.

Yo Soy la presencia que asume el mando de este asunto y lo resuelve de inmediato.

Yo Soy el poder de Dios en mí transmutando y resolviendo esta situación ahora.

Quedamos en que trabajaría con estos decretos y los aplicaría en sus asuntos cotidianos durante un mes, y que después nos veríamos.

Cuando la volví a ver, el cambio era evidente. Trabajar conjuntamente con su Yo Superior le dio seguridad, y ganó en confianza y autoestima en un tiempo récord.

Me dijo que había conseguido muchos contratos y clientes nuevos, y que hasta su jefe la había felicitado. Además, el estrés y los miedos habían disminuido muchísimo.

Todo, simplemente, porque utilizó el poder del Yo Soy constantemente, y permitió así que la parte más elevada de Patricia, su presencia Yo Soy asomara a la luz, y ella asumiera el mando de las situaciones. Estar en esa conexión la empoderaba. Sus pensamientos eran más elevados y asertivos, y provocaba de ese modo un éxito mayor en todas las áreas de su vida.

Todo en un mes… imagina lo que puede hacer el poder del Yo Soy en cada persona.

Otro caso de mi consulta: el poder del Yo Soy y las bendiciones

Cuando conocí a Sonia, quedé impresionada de la gran capacidad que tenía para boicotearse a sí misma y todo lo que tenía que ver con su prosperidad.

Había tenido varios negocios: restauración, cafetería, tienda de ropa y alguno más. Todos fallaban porque sus empleados acababan robándole o traicionándola de alguna manera. Tenía una gran inseguridad en su capacidad de generar dinero, los fracasos que había tenido en todo lo que emprendía eran la confirmación.

En la primera visita detecté a través de algunas preguntas que le formulé que era de las muchas personas que creía que el dinero «no trae la felicidad», «que es más fácil que un pobre pase por el ojo de una aguja a que un pobre se haga rico».

Creía que el dinero convertía a las personas en egoístas y coleccionaba una larga lista de creencias negativas acerca del dinero.

Lo primero que trabajamos fue el perdón al dinero.

Este ejercicio es muy poderoso y ayuda a reconciliarse, sobre todo con la prosperidad.

Tenía que coger un billete, el que más le gustara, y cantarle mirando una fotografía de su rostro 7 minutos, durante 7 días seguidos. Al principio se extrañó, pero tenía tantas ganas de ser más exitosa en sus negocios que me prometió que lo haría.

La canción dice así:

El perdón Divino Yo Soy aquí… El perdón que sana y sanará. El perdón para ti (señalar el billete) y para mí (señalarse a ella misma). El perdón para la Humanidad.

Finalizado el tiempo estipulado, le pedí que regresara a la consulta. Cuando le pregunté acerca del resultado del trabajo, me comentó que mientras lo hacía se dio cuenta de la cantidad de pensamientos, conceptos y creencias limitantes que tenía acerca del dinero y de las personas ricas. Observó también que a partir del 5º día que hacía el trabajo de Perdón, le sucedieron algunas cosas que llamaron su atención. Algún amigo que le debía dinero se lo devolvió, le tocó un pequeño premio en un sorteo y encontró en el bolsillo de un viejo abrigo unas gafas Versace que hacía tiempo había perdido.

Estaba muy motivada y quería seguir trabajando para lograr ser una mujer próspera en todas las áreas de su vida.

Decidí que era el momento de empezar a decretar utilizando su Yo Superior, su Yo Soy. Diseñamos algunos decretos que debería aplicar ante todas aquellas situaciones de su día a día, que le creaban miedo, inseguridad y desconfianza:

Yo Soy la Presencia que gobierna y dirige esta situación ahora.

Yo Soy la Presencia que transmuta y ordena esta situación ahora.

Yo Soy la Presencia que me abre todos los caminos ahora.

Cuando regresó, al cabo de un mes, me comentó sorprendida, que tenía varias propuestas de colaboraciones y negocios sobre la mesa, y estaba estudiando la mejor para iniciar su nueva actividad. Estaba feliz y se sentía reconfortada de saber que su Presencia Yo Soy podía ayudarla, si ella se lo pedía a través de los decretos.

Este es el poder de nuestra Presencia Yo Soy, que todos podemos utilizar y comprobar los excelentes resultados que obtendremos con su práctica diaria. Gracias, gracias, gracias.

Cuando puedas sentir y aceptar que Yo Soy es la presencia y el poder creador de Dios que está en ti, habrás dado uno de los pasos más grandes que se pueden dar hacia tu liberación y tu evolución.

El día que te des cuenta y comprendas que los Maestros y Guías no son más que tu propia conciencia más elevada, comprenderás las maravillosas posibilidades que tienes a tu alcance, y sabrás que tú y ellos sois solo uno.

Cuando seas maestro en el arte de la creación de decretos personalizados, estarás en la vía de la realización espiritual y material. Y aprovecharás al máximo la presencia Yo Soy que hay dentro de ti.

No pongas nunca tu atención en aquellas cosas que no te salieron bien, eso solo produce que las sigas atrayendo. Recurre al sentido del humor para aligerar tu vida, es una buena manera de cambiar las situaciones.

Anexo:
Recursos: Desintoxica tu cuerpo para manifestar mejor

No sé si percibes la relación directa entre el alma y el cuerpo. En este caso, el Yo Soy representaría el alma, y el cuerpo reforzaría o debilitaría su poder si no te ocupas de cuidarlo.

Básicamente, tu hígado te puede boicotear y provocarte cierto desánimo frente a la práctica de los ejercicios. Cuanto más saludable te encuentres, mayor será tu energía y tus ganas.

También la mente es sumamente sensible a la toxicidad del organismo. Por ello, es importante que te liberes de toxinas. Para lograrlo, ten en cuenta lo siguiente:

¿Cómo intoxicamos nuestro organismo?

Con frecuencia, a través de la respiración, la piel y lo que ingerimos.

El cerebro consume el 80 % del oxígeno que absorbemos, así que te recomiendo:

- Respirar bien, espirando profundamente.
- Respirar un aire lo más puro posible. En muchos casos, el aire en el interior de nuestra casa está más contaminado que el del exterior, por el uso de productos como ambientadores y aerosoles que es preferible evitar.
- Salir al aire libre con frecuencia, ¡mejor aún en la naturaleza!
- Beber mucha agua de calidad.
- Cuidar tu hígado con una infusión de jengibre con limón por la mañana en ayunas. El hígado aprecia comidas sencillas con ingredientes naturales. Son más saludables los alimentos frescos, orgánicos, de temporada, locales y vivos. para depurar el organismo.

Y, además:

- Medita: para calmar la mente y encontrar el foco.
- Aliméntate sano: más frutas y verduras, menos grasas, carnes rojas, harinas, lácteos y azúcar.
- Haz ejercicio: para liberar endorfinas.
- Repite tu propósito todas las noches antes de dormir y al levantarte.
- Duerme ocho horas de sueño reparador.

Ejercicios prácticos para utilizar la llave del Yo Soy y activar los decretos

Decretar es como rezar. Se lleva a la práctica como una oración en la cual afirmas que lo que quieres ya está manifestado, usando a la vez el poder del pensamiento positivo y el poder de la anticipación.

Practica estos decretos poniendo toda tu fuerza emotiva y utiliza el poder del Yo Soy, y tu mente se abrirá y lograrás tus objetivos.

- Para empezar a purificar la mente de negatividad y creencias limitantes, y elevar tu frecuencia vibratoria:

  Repite con constancia y disciplina la frase que dijo el gran maestro Jesús: «Yo Soy la resurrección y la vida», y con el tiempo la mente se llenará de ideas y pensamientos creativos y la frecuencia vibratoria se elevará exponencialmente con las repeticiones.

- Para comprender aquello que necesitas comprender:

  Yo Soy la plena comprensión e iluminación de esta situación o cosa que quiero comprender ahora.

- Para protegerte de alguna situación que te perturbe:

  Yo Soy el círculo mágico de protección que me rodea, y que me protege ahora.

- Para eliminar la tristeza:

  Yo Soy la alegría.

- Para eliminar el cansancio:

  Yo Soy la fuerza de Dios en mí.

- Para el sentimiento de la falta de amor:
  Yo Soy amor y atraigo el amor.

- O si piensas que nadie te quiere:
  Yo Soy amado y acompañado siempre.

A continuación, te dejo algunos poderosos decretos que debes practicar en las diferentes situaciones y ante las dificultades que necesites remontar o superar pronto:

- Ante una pelea o altercado, ya sea en casa o en la calle:
  Yo Soy el Amor de Dios actuando aquí, y todo va bien.

- En caso de sentirse muy mal emocionalmente.
  Yo Soy el poder de Dios en mí, transmutando este estado ahora.
  Yo Soy la Presencia sanando esta situación y restableciendo mi bienestar ahora.

- Ante una indisposición física:
  Yo Soy la perfecta salud ahora.

- Cuando necesites dinero:
  Yo Soy Yo Soy Yo Soy las riquezas de Dios fluyendo en mis manos ahora y siempre.

Repite estos decretos mentalmente, hasta que mejore la situación.

PODER 5

DE LA CONFIANZA

No es lo que quieres lo que atraes,
atraes lo que crees que es verdad.

NEVILLE

Mantén tus mejores deseos cerca del corazón
y observa lo que ocurre.

TONY DELISO

Un ingrediente vital

Para poder manifestar, además de imaginar, anticipar emocionalmente y decretar, es de vital importancia tener la confianza y la certeza de que aquello que necesitas ya está totalmente materializado para ti.

Esa confianza que implica la certeza es un ingrediente vital para la manifestación. Sin ella, tu propósito chocaría con la desconfianza, que lo frenaría.

Confiar plenamente en el proceso y en el poder que has puesto en juego te dará un empoderamiento personal, de modo que tu logro se materializará antes.

No debes desesperar ni impacientarte ante el tiempo que necesites para manifestar tu sueño. La impaciencia va de la mano de la duda y son herramientas que utiliza el ego para frenar tu capacidad divina de crear.

El miedo impide prosperar: si te da miedo tomar una decisión, arriésgate. Ya sabes que se aprende más de los errores que de la inmovilidad.

Cuando confías y eres consciente de tu poder, entras en la vía de la abundancia ilimitada.

Es importante que confíes y te concentres en la solución, no en los problemas.

Aquello en lo que te concentras se magnifica

Pon tu atención en la solución, imagínatela, siéntela, decrétala con tu llave Yo Soy, y pronto verás tus problemas solucionados.

Apartar tu atención de los problemas forma parte de su solución.

Confiar es en cierto modo tener fe. La fe es la convicción de lo que no se ve. ¿Cómo percibir lo invisible si no se puede ver? ¿Cómo con nuestros ojos podemos percibir el mundo espiritual? Mediante la fe se puede hacer posible lo imposible, y eso se ve a través de los ojos del corazón, que son los de nuestra imaginación.

Como dice Mark Victor Hansen: «La aventura para lograr la libertad financiera comienza en el minuto en que decides que estabas destinado para la prosperidad, no para la escasez; para la abundancia, no para las carencias».

De mi padre

Estar en mi casa los viernes por la mañana, cuando llegaba de trabajar, era una fiesta. Ese día, mi padre cobraba la «semanada», es decir, su sueldo. Y como era habitual en él, como si de un ritual se tratara, sacaba el sobre de papel naranja del bolsillo de la camisa, lo abría y volcaba los billetes encima de la mesa del comedor, los sacudía, los removía haciendo que cayeran otra vez sobre la mesa, y los repartía. Estuviera quien estuviera en casa, recibía una parte. La primera en cobrar era mi madre, «la jefa», como la llamaba él, era la que tenía la mayor parte, pues administraba y compraba todo lo que necesitábamos. Después me daba 100 pesetas a mí y, si había alguna amiga mía en casa que había venido a buscarme para ir al colegio, recibía otras 100 pesetas. La generosidad de mi padre era tan conocida en la calle que todas mis amigas me querían venir a buscar para ir al colegio, era mi madre la que las frenaba.

Me decía —lo recuerdo como si fuera hoy—: Toma este dinero, Lolita, y gástatelo en lo que más te guste, el viernes próximo papá traerá más.

Sus palabras me transmitían seguridad, prosperidad y confianza.

La generosidad de mi padre se extendía también a los pobres y mendigos, que en esos tiempos tocaban a las puertas de las casas para pedir. Cuando eso sucedía, mi madre temblaba, pues sabía que, si llamaba un mendigo, jamás se iba de mi casa con las manos vacías. Mi padre cogía una bolsa de la cocina y la llenaba con la mitad de la comida que hubiera para nosotros, o le hacía preparar un bocadillo a mi madre para que se lo diera, añadiendo también algún suéter o una camisa vieja que hubiera en el armario, y algunas pesetas de propina. Eso ponía de muy malhumor a mi madre, pues decía que le descontrolaba el gasto que ella tenía organizado para la familia.

Entonces, mi padre le decía:

—María, ¿de qué te preocupas, mujer?, nosotros tenemos más de lo que podemos necesitar, el viernes volveré a cobrar.

Hoy, estoy convencida de que no nos faltó nunca nada debido a esa gran certeza de mi padre.

Paso a paso se alcanza la cima

Sí, lo que vale es la intención. La intención y la acción son los impulsores de la confianza. Entonces, actúa siguiendo tus valores y no tus objetivos.

Veamos.

El nivel de confianza fluctúa. La misma persona se puede sentir muy segura de sí misma al encontrar el trabajo de sus sueños, y totalmente deprimida si es despedida. Y es normal.

Las creencias son los valores que guían tu vida. En ocasiones, son creencias impuestas y, en lugar de sumar, te restan confianza. Por lo tanto, pregúntate si tus creencias representan lo que necesitas realmente o son una carga pesada para ti.

Una vez que lo tengas claro, no esperes a sentirte preparado antes de actuar en lo que sea. Actúa sin más, la confianza viene después como resultado de tus logros. Y si el resultado es el fracaso, acéptalo y vuelve a intentarlo. Cuando aprendiste a nadar, al principio tendrías miedo de ahogarte; sin embargo, no esperaste a vencer ese miedo, sino que insististe y poco a poco fuiste sintiéndote más confiado.

Incluso las personas exitosas han confesado sentir el fracaso en muchas ocasiones.

En este sentido, Bednar y Peterson, dos psicólogos especializados en inteligencia emocional, observaron en sus pacientes que su confianza no dependía del resultado de sus actos. Cuando uno de ellos no se presentaba a un examen para el que se había estado preparando, se sentía mucho peor que si lo intentaba y suspendía. Es decir que la confianza provenía por haberlo intentado y superaba a la decepción de no haber aprobado.

RECORDATORIO PARA TU REFLEXIÓN

- Si el problema está en tu vida, tú lo has manifestado y es tu responsabilidad.

    Es muy importante no responsabilizar a otros de nuestros problemas. Para poder resolverlos y aprender, debes asumir la responsabilidad que tienes en cada una de las situaciones que te afectan en la vida.

- No temas a los cambios.

- Deja atrás lo que retienes.

    Nunca sabrás lo bueno que te espera si no abandonas lo que te mantiene esclavo en el presente.

- Investiga. El desconocimiento te proporciona tranquilidad, pero te puedes perder también cosas mejores.

- Observa tu actitud ante las novedades y sobre aquello que te mantiene «atado» a ciertas comodidades con las que no terminas de ser feliz.

    Si no te deshaces de aquello a lo que te aferras, no podrás disfrutar de lo nuevo y darle una oportunidad para mejorar.

Una fábula ilustrativa

«Las dos hormigas»
del libro *Cuando el desierto florece*, de Prem Rawat

Una hormiga vivía plácidamente en una montaña de azúcar. Otra hormiga vivía cerca de allí, en un montículo de sal. La hormiga que vivía en la montaña de azúcar vivía feliz, porque disfrutaba de un alimento muy dulce, mientras que la hormiga que vivía en la montaña de sal, siempre tenía una terrible sed después de comer.

Un día, la hormiga de la montaña de azúcar se acercó a la montaña de sal:

—¡Hola, amiga! —le dijo.

—¡Hola! ¡Qué bueno ver otra hormiga por aquí! Comenzaba a sentirme muy sola...

—Pues vivo muy cerca de aquí, en una montaña de azúcar.

—¿Azúcar? ¿Y eso qué es? —preguntó extrañada la hormiga de la montaña de sal.

—¿Nunca has probado el azúcar? ¡Te va a encantar! Si quieres, ven mañana a verme y te dejaré probarlo.

—¡Me parece una idea fantástica! —contestó intrigada la hormiga de la montaña de sal.

Al día siguiente, la hormiga del montículo de sal fue a visitar a su vecina. Pero llevó en la boca un poco de sal, por si acaso el azúcar no le gustaba.

En lo más alto de la brillante montaña de azúcar estaba su vecina.

—¡Qué bueno que viniste, amiga! Sube, que quiero que pruebes el sabor del azúcar.

Una vez arriba, la hormiga vecina le ofreció un poco de azúcar, pero como ella tenía sal en la boca, el azúcar le supo a sal.

—¡Vaya! —dijo la hormiga de la montaña de sal—. Tu azúcar sabe igual que mi sal. Debe ser lo mismo. Tú la llamas azúcar y yo la llamo sal.

—No puede ser —dijo extrañada la otra hormiga—. Yo he probado la sal y no se parece en nada... A ver, abre la boca.

Entonces, la hormiga se dio cuenta de que tenía sal en la boca.

—¡Claro! ¡Ahora lo entiendo! Anda, escupe la sal y prueba de nuevo...

La otra hormiga obedeció y esta vez sí, el azúcar al fin le supo a azúcar.

—¡Mmmmmm! ¡Deliciosa! —dijo entusiasmada. Y se quedó a vivir con su nueva amiga, disfrutando del dulce sabor del azúcar.

Conclusión: A menudo, no nos atrevemos a dejar nuestra tranquila montaña de sal, aunque no nos guste demasiado, y no confiamos en que nos espera una maravillosa montaña de azúcar.

Para confiar, lo esencial es que te desprendas de lo conocido.

Un caso de mi consulta

Cuando Laura y Brayan vinieron a verme, estaban en plena crisis matrimonial… Se peleaban constantemente y lo peor es que habían perdido la confianza el uno en el otro.

Los dos querían solucionar sus problemas y volver a disfrutar del amor juntos, y aunque salían de viaje y organizaban cenas y eventos para pasarlo bien, su falta de confianza y el miedo de pensar que no iba a salir bien hacía que todo fallara.

Durante la sesión, conversé con ellos y les hablé de que el cemento que permite que se realicen y se construyan las cosas se llama «confianza y certeza», que sin estos dos componentes la materialización y la creación de cualquier deseo están condenadas al fracaso, pues son dos elementos esenciales para la «manifestación».

Les expliqué que el Gran Maestro Jesús, que realizó grandes milagros durante su vida pública, no hubiera podido manifestar nada, si no hubiera tenido «la certeza y la confianza» de que el Padre Celestial iba a hacer posible la manifestación de todo lo que Él le pedía, pues estaba tan seguro de que lo iba a conseguir que agradecía anticipadamente los milagros pronunciando las siguientes palabras: «Gracias, Padre, que ya me lo has concedido todo». La gran prueba de su confianza en el Padre era su gratitud anticipada. Ese acto demuestra que él confiaba plenamente en que lo que él pedía le sería concedido.

Les pedí que durante un mes confiaran plenamente el uno en el otro. Y hasta que ese sentimiento no fuera una realidad, al menos hicieran el esfuerzo de creer que era así. Les recomendé unas afirmaciones y unos decretos que les ayudarían en el proceso.

Decretos para Laura:

Yo, Laura, confío plenamente en Obrayan.

Yo Soy la presencia que confía plenamente en el amor y la felicidad de mi relación de pareja.

Yo Soy amada y respetada por mi pareja Obrayan.

Decretos para Obrayan:

Cuanto más confío en Laura, mejor está nuestra relación.

Yo Soy la Presencia que armoniza mi relación de pareja ahora.

Yo Soy amado y respetado por mi esposa Laura ahora.

Después de un mes de realizar este trabajo y de tomar conciencia de la importancia de confiar el uno en el otro, vinieron a verme al despacho. Estaban como «tortolitos», habían vuelto a confiar en ellos y en la relación y la energía de amor se respiraba en el ambiente. Estaban felices y muy asombrados de descubrir cuan importante es «confiar» para que el amor pueda volver a surgir.

Confianza y certeza son dos ingredientes muy importantes para poder materializar en este plano terrenal.

Ejercicios prácticos para adquirir confianza

Ejercicio 1

Te aclaro: Tirarse hacia atrás, dejarse caer, aunque sea sobre un lugar seguro como tu cama, siempre mueve y despierta el miedo y la desconfianza. Hacer este sencillo ejercicio te ayudara a superarlos.

Entonces, busca una habitación donde haya una cama grande, de 1,40 o 1,50 metros puede ser suficiente.

Cierra los ojos y ponte de espaldas a la cama con la parte trasera de tus piernas pegadas a la cama. Haz tres respiraciones profundas y tírate de espaldas despacio sobre la cama, con un movimiento suave: pon especial atención en tumbarte poco a poco sin brusquedad, se trata de confiar y no de lastimarte. Cuando estés tumbado boca arriba, recuerda las reacciones que has tenido en tu cuerpo y respíralas profundamente. Después, observa tus emociones y respira profundamente tres veces más.

Si tienes la posibilidad de ir a la naturaleza y puedes tirarte en tirolina, atravesando un bosque o un espacio natural, eso te ayudará también a desarrollar la confianza.

Ejercicio 2

Material necesario:
- Una libreta
- Un bolígrafo

Escribir en la libreta 49 veces al día durante siete días la siguiente afirmación:

Yo (pon tu nombre) confío plenamente en el proceso de manifestación.

Transcurridos los siete días del ejercicio escrito, lo repetirás mentalmente siempre que lo recuerdes.

Ejercicio 3

Este es un juego, que se desarrolla siguiendo las pautas del siguiente relato humorístico, del escritor español Enrique Jardiel Poncela, *Lecturas para analfabetos*, y tiene dos propósitos vinculados al refuerzo de la confianza:

- Entender que para gestionar una situación no hay una sola respuesta, sino que puedes recurrir a distintas variantes. Es decir, para que seas consciente de que, además de la variante que escoges, existen otras posibles y deberías probarlas, sobre todo ante una dificultad o cuando pierdes la confianza. Así, el relato muestra cómo frente a una misma situación uno puede ver el consabido vaso lleno y otro, el vaso vacío.

- La descripción del hecho en cinco pasos te muestra la conveniencia de observar los pequeños momentos que vivimos.

Es este:

Vi en la otra acera un taxi parado y me dirigí a él resueltamente. La carrocería de aquel auto estaba pintada de color rosa *liberty* y esto fue lo que me atrajo más que nada.

Y ahora fijaos bien, fijaos muy bien en lo que voy a deciros. Para comprender lo sucedido después, es preciso fijarse bien en estos detalles:

1. El auto estaba parado junto a la acera.
2. Yo me dirigí a tomar el auto por la parte del empedrado de la calle.
3. Al abrir la portezuela, el chófer estaba mirando hacia la acera y de espaldas a mí.
4. En el momento en que hice aquella operación yo iba muy distraído y un poco nervioso.
5. Y así que entré en el coche, éste se puso en marcha.

El súbito arranque del coche me hizo caer sobre el asiento. Al caer, noté que caía en blando, pero antes de que tuviera tiempo de volverme para averiguar la causa de tal blandura, oí a mi espalda un gemido, un debilísimo gemido. Entonces me incorporé y miré hacia atrás. En el asiento había una mujer medio derribada. Aquella mujer tenía un puñalito clavado en el pecho. El mango del puñalito era de oro y diamantes. En el contador del auto iban apareciendo sucesivamente estas cifras: 40-50-60-70-80...

Y ahora que no deje de decirme el lector qué es lo que él hubiera hecho de hallarse en idéntica situación que yo. He consultado ya a tres amigos.

Uno me ha dicho:

—Yo me habría tirado en marcha.

Otro me ha dicho:

—Yo me hubiera desmayado.

Y el tercero me ha dicho:

—Yo le hubiera quitado del pecho el puñalito, lo habría limpiado y lo habría empeñado en el Monte.

Y el lector, ¿qué dice?

¿Pero es que no dice nada el lector?

¡Para que uno se fíe de los lectores!

Para tu práctica: agrega tú otra variante a las dadas en el relato, y recuerda que hay más variantes cuando pierdas la confianza.

PODER 6

DE LOS MILAGROS

*La persona más dichosa es aquella que hace la dicha
de muchas otras personas.*

DENIS DIDEROT

Lo primero que has de tener en cuenta es que los milagros existen. Son el fruto y el resultado de tus acciones realizadas en el pasado o en el presente. Pueden ser la consecuencia de buenos pensamientos y deseos para los demás, buenas acciones y generosidad con el prójimo.

Para mí, uno de esos milagros fue haber tenido el padre que tuve.

De mi padre

Todo lo que emprendía mi padre era como un milagro.

Medía 1,90, era alto, fuerte y corpulento. Mientras me contaba cosas, juntaba una palma de mi mano con la suya, me miraba a los ojos y me decía: «Mira, princesa, teniendo dos manos y salud lo tienes todo, con tus manos siempre podrás trabajar y nunca te faltará nada, como a papá».

Un día, cambió el jardín de la planta baja de nuestra casa por una pequeña cuadra para perros, asfaltó el jardín, construyó unas casetas y trajo a casa tres perros galgos de carreras, su otra gran afición. Ni a mi madre ni a ninguno de nosotros nos gustaban tanto los perros como a él.

Su afición por los perros galgos de carreras le vino porque en una época, para ganarse un sueldo extra, trabajaba como paseador de perros. Desde entonces, quiso ser propietario algún día, y ese día había llegado. Y puesto que era un gran cuidador, pronto una de las perras se convirtió en campeona de España. Eso le dio prestigio y, como cuando apostaba, siempre ganaba, era habitual que llegara a casa por las tardes habiendo ganado, y repartía dinero entre todos con más frecuencia. Tanto era así, que un buen día mi padre me llevó al banco para abrirme una cuenta donde yo pudiera ahorrar y tener a buen recaudo el dinero que me daba, y expresaba una de sus frases favoritas: «Somos ricos, Lolita, tenemos mucho más de lo que podemos necesitar».

En este sentido, también los milagros deben ser compartidos, si se da el caso. De lo contrario, te puede pasar como a los protagonistas de este minicuento, titulado significativamente *Lo mío es mío*:

Dios les envió una lluvia de estrellas de oro. La pareja se puso a discutir sobre quién de ellos había provocado el milagro. Furiosos, se arrojaron las estrellas a la cara. Él perdió media nariz y ella un ojo.

Cómo atraer un milagro

La palabra *milagro*, antiguamente *miraglo*, tiene su origen en el latín *miraculum*, palabra derivada del verbo *mirari*, que significa «admirarse» o «contemplar con admiración, con asombro o con estupefacción». Los latinos llamaban *miraculum* a aquellas cosas prodigiosas que escapaban a su entendimiento, como los eclipses, las estaciones del año y las tempestades.

Desde el punto de vista etimológico, la palabra milagro no presenta necesariamente una relación con una cierta intervención divina, sino que se liga al *asombro ante lo inefable*, tal como lo plantearan los latinos. A raíz de esto, milagro también puede referirse a un «suceso o cosa rara, extraordinaria y maravillosa», sin implicar fuerzas divinas.

Pero desde la antigüedad se cree en el poder de los milagros en todas las religiones.

Los milagros pueden llegarte de manera inesperada y de personas o entidades inesperadas. El Universo se las arregla siempre para devolver todo aquello que hayas sembrado de buen grado y con buen corazón.

Cuanta más conciencia y corazón pongas en tus trabajos diarios de manifestación, menor será el tiempo en que tardarán en cumplirse tus deseos.

Seguramente, puesto que los milagros son cotidianos, no los percibes ni los identificas. En consecuencia, crees que no tienes el poder de alcanzarlos. Pero cuando reconoces que te ocurren a diario, comprendes de qué se trata y se adueña de ti un estado de ánimo nuevo, una mirada positiva de la vida diaria y se diluyen los temores y la desvalorización personal.

Los milagros son manifestaciones de nuestro poder, aunque muchos los consideran inalcanzables, y de ese modo lo frenan, nadan contra la corriente.

En la medida que crece tu fe, te acercas a que el milagro ocurra. Es la consecuencia manifestada en tu realidad de tu conducta benevolente y de tus buenas acciones con los demás. «Aquello que siembras, recojes», y la tierra es un buen ejemplo de ello. Si plantas buenas semillas, crecerá un árbol que dará buenos frutos; si las semillas que plantas son de mala calidad, nacerán malas hierbas que no te servirán de nada.

Como decía Jesús, El Cristo: «Todo lo que yo hago, lo podéis hacer vosotros». Tú eres tan poderoso como los grandes Maestros. Simplemente debes quitar tu atención de lo que te perturba, y confiar plenamente en que lo que deseas y has pedido ya está manifestado para ti. La solución llegará como por arte de magia, pero es muy importante tener paciencia y no desesperar. El Universo tiene sus tiempos, y cuando menos lo esperes llegará, en el plano de la salud, del amor o del dinero, como dice la canción.

Dos textos jasídicos para reflexionar

Dios creó las hierbas curativas para no tener que sanarnos con milagros evidentes y así respetar la libertad de elegirle o no. […] Las hierbas venenosas lo son por el pecado original, pero la oportunidad de que con la correcta administración puedan curar, es su oportunidad de redimirse.

Unos hombres rezaban devotamente pidiendo dinero para poder dedicarse a rezar y estudiar. El rabí de Berditchev les dijo: «Pero ¿qué os hace pensar que en el

Cielo se necesita vuestro estudio y vuestras oraciones? Tal vez lo que allá se necesite sea que trabajéis y os devanéis los sesos».

Un texto inspirador

Así lo expresa Alejandro Jodorowsky en un capítulo de *Cabaret místico:* «Para un ser iluminado todo es milagro. Sabe que tiene una mirada que depende de su Yo personal y otra que depende de su Yo esencial. Sabe que ve más de lo que ve, que oye más de lo que oye... dispone de unos sentidos que podemos llamar surreales».

Casi siempre, durante el día concentramos nuestra visión en una parcela de la imagen, no vemos otras cosas que después aparecen en nuestros sueños (completando la información):

- Ciertos olores, que creemos no distinguir, hacen que algunas personas nos atraigan y que de otras nos apartemos.
- Algunas ideas o sentimientos esparcen perfume o hedor: «Cuando te casas es para toda la vida».
- Nuestras manos, sin ser conscientes de ello, perciben la historia de lo que tocan.
- Las formas que nos parecen separadas están unidas. La totalidad de la materia universal es infinita. La razón trata de establecer órdenes, pero es imposible ordenar algo que no tiene límites.

Cuando aceptamos nuestra verdadera naturaleza, que siempre está en resonancia con el cosmos, y confiamos en ella, el milagro se produce. Al milagro le llamamos casualidad. Ya que, si aceptamos la posibilidad del milagro, nuestro mundo «real» se derrumbaría. Lo que escapa a nuestra concepción habitual nos inquieta y aterra.

Somos dirigidos por una fuerza inimaginable, el Universo es una red de interacciones regidas por una misteriosa unidad, lo que le sucede a una estrella repercute en nosotros. Si hemos nacido es por una necesidad del Universo. Aunque misteriosa, todo ser tiene una finalidad. El Universo es un proyecto en acción. La creación entera tiene una finalidad.

La antítesis del milagro es la catástrofe. La negación de la unión, del deseo egoísta de posesión, del querer ser dueño del acontecimiento. De convertir a la mente en fortaleza agresiva en lugar de templo abierto.

Hay momentos en la vida donde se plantea una alternativa: hacer o no hacer. Si iniciamos el movimiento, este nos lleva a la eclosión del milagro. Si nos negamos a oír la llamada de nuestra intuición vamos a la frustración, a la enfermedad, a la catástrofe.

Cada uno de nosotros es un mago que se ignora. No hay que pedir milagros, hay que aceptarlos cuando vienen. Todo es un milagro.

RECORDATORIO PARA TU REFLEXIÓN

Te conviene saber que todos tenemos dones. Señala los tuyos y ponlos en marcha. En cuanto lo consigues, ocurre el primer milagro.

Debes reconocer que cada ser es único, y que tú también lo eres, es otro milagro. Confecciona una lista de tus rasgos hereditarios, físicos, psíquicos y espirituales.

Debes practicar tu libertad interior, está en ti el poder de hacer el milagro de no depender de lo material, sino de ponerlo a tu servicio con una actitud abierta: de la actitud depende la paz.

Siéntete capaz de aprovechar tus capacidades: pensar, amar, determinar, reír, decidir, imaginar, crear, gozar, elegir, hablar y pedir. Elige amar en vez de odiar; reír, en lugar de llorar; actuar, en lugar de aplazar; crecer, en lugar de estancarse.

Un milagro es un suceso ordinario que se vuelve extraordinario. Y forma parte del acontecer cotidiano. Respirar es un milagro.

Algunos piensan que los milagros son hechos improbables que ocurren «porque sí», como extasiarse ante una puesta de sol o ganar la lotería cuando estás escaso de dinero. Y hay milagros que provienen de la fe que te lleva a la acción. Si crees en ti, en los demás y en la vida verás que los milagros ocurren. Por consiguiente, actúa para conseguir lo que quieres convencido de que lo conseguirás y con tu corazón en paz. Empieza ya.

En suma, la evolución personal te permitirá acceder a la conexión con tu conciencia más elevada, que te empoderará y te dará informaciones iluminadoras que te permitirán alcanzar la plenitud y la prosperidad con la absoluta seguridad de que desde esta conciencia superior te llegarán siempre las mejores respuestas para solucionar cualquier situación que te presente la vida.

Un caso de mi consulta

Cuando María llegó a mi consulta, me confesó que estaba cansada de hacer todo tipo de tratamientos y terapias para sentirse mejor. Quería que la vida floreciera para ella, ansiaba tener buena suerte. Sin embargo, cuando más la perseguía, parecía que la «suerte» se alejaba de su vida.

Le expliqué que la buena suerte o los «milagros» existen, y que son la respuesta a un tipo de conducta mental y acciones que ayudan a elevar la vibración de la persona y, consecuentemente a ese cambio de vibración, la calidad de vida aumenta exponencialmente y se transforma en una vida llena de «buena suerte y milagros».

Decidimos empezar por un pack de 7 sesiones, en las cuales trabajaríamos: el control de sus pensamientos, sustituyendo los negativos por afirmaciones y decretos.

Practicaría también el negar sus creencias y problemas, no enfocándose en ellos, sino poniendo solo su atención en todo aquello que a ella le gustaría manifestar, imaginando cosas bonitas para su vida y así crearlas en el plano espiritual.

Lo más importante fue que María tomó conciencia de que, para recibir cosas buenas de la vida, primero hay que sembrarlas, así luego podemos tener una cosecha abundante e inesperada, plagada de sorpresas y regalos maravillosos.

Practicaría también la máxima regla del hacedor de milagros:

«Piensa y actúa con el prójimo, igual como te gustaría que el prójimo pensara y actuara contigo».

Cuando siembras buenos pensamientos y acciones para el prójimo, siempre vamos a tener «un retorno», puede ser que te lo devuelva la misma persona, u otra, pero el Universo siempre se las arreglará para devolverte tu buena acción y sorprenderte con algo que te encantará.

Acordamos que siempre daría las gracias anticipadas, por todas y cada una de las peticiones que hiciera al Universo.

Después de un par de meses, cuando María me vino a ver, me sorprendió su cambio físico y de imagen. Lucía más joven y alegre y su forma de vestirse iba de acuerdo con su nueva forma de vivir la vida.

Me comentó que se sentía muy bien, que estaban cambiando las cosas para ella. Su novio, que le había roto el corazón al dejarla, se puso en contacto con ella y se habían dado otra oportunidad. Los dolores de cabeza que sufría habitualmente estaban desapareciendo y tenía una sensación renovada de alegría y optimismo. Había girado el timón de su vida hacia una dirección nueva y en ese nuevo rumbo las cosas le fluyan más y mejor.

Con el caso de María pude constatar una vez más que, cuando elevamos nuestra frecuencia vibratoria y nos conectamos a nuestro wifi de la prosperidad, nuestra vida da un giro de 180 grados a mejor. Gracias, gracias, gracias.

Medición de los diferentes estados de la conciencia, según Hawkins

Los milagros son el resultado de nuestras buenas acciones, son las recompensas y bendiciones que nos envía el Universo a modo de premio por vibrar en la frecuencia adecuada y vivir la vida aplicando los códigos de la abundancia.

Las mediciones de la conciencia constituyen una herramienta muy práctica para ayudarnos en nuestra evolución espiritual.

Presentan los diferentes estados de ánimo, desde los más negativos a los más positivos y de más elevada vibración. Todos tienen su medición para que podamos ver de qué forma las emociones bajas generan bajas vibraciones y en la medida que cambiamos de actitud y emoción ya empezamos a vibrar en frecuencias más elevadas.

Todos nuestros estados de ánimo y emociones están representados por diferentes tipos de energía. Es sabido que el grado y la calidad que emiten las energías de baja frecuencia o vibración pueden derivar en una vida de insatisfacción y enfermedad, y que, por el contrario, las vibraciones que emiten las energías positivas derivan en una mejor calidad de vida, bienestar y salud.

Este mapa ofrece una guía práctica para ayudar a todas aquellas personas que desean crecer y evolucionar espiritualmente, y así desde un mayor estado de conciencia y una elevada vibración alcanzar la conexión con la fuente de prosperidad y recibir las informaciones adecuadas para transitar por la vida en paz, armonía y felicidad:

20	HUMILLACIÓN	ELIMINACIÓN
30	CULPA	DESTRUCCIÓN
50	DESESPERACIÓN	RENUNCIA
75	REMORDIMIENTO	DESALIENTO
100	ANSIEDAD	RETRAIMIENTO
125	ANHELO	ESCLAVITUD
150	ODIO	AGRESIÓN
175	DESPRECIO	ENGREIMIENTO
200	CONSENTIMIENTO	FORTALECIMIENTO
250	CONFIANZA	LIBERACIÓN
310	OPTIMISMO	INTENCIÓN
350	PERDÓN	TRASCENDENCIA
400	COMPRENSIÓN	ABSTRACCIÓN
500	VENERACIÓN	REVELACIÓN
540	SERENIDAD	TRANSFIGURACIÓN
600	ÉXTASIS	ILUMINACIÓN
700-1000	INDESCRIPTIBLE	PURA CONCIENCIA
700-1000	ILUMINACIÓN	SER
600	PAZ	PERFECCIÓN
540	ALEGRÍA	COMPLETO
500	AMOR BENIGNO	BUENO
400	RAZÓN	SIGNIFICADO
350	ACEPTACIÓN	ARMONIOSA

310	VOLUNTAD	ESPERANZADORA
250	NEUTRALIDAD	SATISFACTORIA
200	CORAJE	FACTIBLE
175	ORGULLO	EXIGENTE
150	IRA	ANTAGONISMO
125	DESEO	DECEPCIONANTE
100	MIEDO	ATEMORIZANTE
75	SUFRIMIENTO	TRÁGICA
50	APATÍA	DESESPERANZA
30	CULPA	MALIGNA
20	VERGÜENZA	MISERABLE

Podemos afirmar, pues, que las emociones que miden entre 200 y 1000 son positivas, y aportan a las personas una capacidad de vivir la vida con mayor conciencia y respeto hacia ellas mismas y hacia el entorno, sintiéndose parte de un todo y disfrutando de las experiencias que la vida les presenta con mayor conciencia y bondad. Entre ellas están el coraje, la neutralidad, la voluntad, la aceptación, la razón, el amor, la alegría, la paz, y de 700 a 1000 la iluminación.

Por el contrario, las energías por debajo de 200 hasta 20 son negativas y en esta vibración las personas viven la vida con una conciencia muy primaria y egoica que les separa de los demás, y les impide disfrutar y ser felices. Tienen tendencia a enfrentar los retos que les presenta el día a día, con energías de baja vibración como el orgullo, la ira, el deseo, el miedo, el sufrimiento, la apatía, la culpa y la vergüenza.

Como ves, gran parte de la felicidad proviene de los pensamientos.

RECORDATORIO PARA TU REFLEXIÓN

Has de saber que todo aquello que deseemos no ha de perjudicar a nadie, sino que debe ser para el mayor bien de todos los implicados. Pedir cosas negativas para los demás o para ti sería como hacer magia negra, y deberías afrontar las terribles consecuencias que eso acarrea a quien lo hace o a quien lo encarga.

Cuando no te ocurre un milagro, es posible que tu vibración ande baja, tus pensamientos estén desbocados y tu imaginación equivocada; por ejemplo, podrías estar pensando: «Qué mal me irá mañana con mi entrevista de trabajo». Obviamente, con esta forma de actuar, que desgraciadamente es bastante habitual, estarías totalmente desconectado de la manifestación y de los milagros.

La Biblia nos habla de reservar el diezmo de nuestras ganancias y emplearlo para ayudar al prójimo. De ese modo, nos está revelando uno de los secretos para que los milagros sean una realidad en tu vida.

Estos son algunos mensajes que nos han dejado los maestros:

De Albert Einstein:

Empieza por una declaración de intenciones: «A partir de hoy, viviré la vida como si fuera un milagro».

Solo hay dos maneras de vivir tu vida. Una es como si nada fuera un milagro. La otra es como si todo fuera un milagro.

De Ludwig van Beethoven:

¡Actúa en vez de suplicar! Sacrifícate sin esperanza de gloria ni recompensa! Si quieres conocer los milagros, hazlos tú antes. Solo así podrá cumplirse tu peculiar destino.

De Alejandro Jodorowsky:

Entrénate cada día en la habilidad de descubrir esas aparentes «casualidades» y confía en que «algo superior» trabaja a favor de la evolución de tu conciencia.

De Buda:

Si pudiéramos ver el milagro de una sola flor claramente, nuestra vida entera cambiaría.

De Deepak Chopra:

Los milagros pueden ocurrir todos los días, en cada hora, y en cada minuto de tu vida.

CONCLUSIÓN

Los milagros y la conexión con la fuente manifestadora son posibles cuando elevas tu frecuencia vibratoria, y lo que eleva la frecuencia vibratoria es mantener una actitud en la vida que contemple y aplique los códigos de conducta descritos en los apartados anteriores.

**Conviértete en el director de tu mente
y alcanzarás el poder espiritual que otorga
la felicidad.**

Ejercicios para tu práctica diaria

Si quieres ser un manifestador de milagros, ten en cuenta esta práctica cada día:

- Controla tu mente y cambia tus pensamientos por afirmaciones positivas.
- Imagina tus deseos hechos ya realidad.
- Siente las emociones que experimentarías si tus sueños estuvieran cumplidos.
- Utiliza la llave Yo Soy y los decretos para reforzar tus manifestaciones, solucionar las cosas y elevar tu vibración.
- Mantén la total confianza y certeza de que tu deseo se manifestará.
- Niega tu evidencia y tu realidad actual, no te enfoques en ella, enfócate en el convencimiento de que tu deseo cumplido ya está en camino.
- Da las gracias por tu logro, independientemente de tu realidad actual.
- Cuando escuches a alguien contradecir aquello que quieres, niégalo mentalmente y decreta Yo Soy la puerta abierta que nada ni nadie puede cerrar.
- Practica en tu vida la máxima que dice «no pienses en hacer al otro lo que no te gustaría que te hicieran a ti».
- Practica la gratitud en todo.
- Mantén la impecabilidad con la palabra, no la utilices para juzgar, criticar ni hacer daño a nadie.
- Utiliza el poder de la palabra para ayudar y elevar la vibración de los demás. En la medida que puedas, practica la generosidad con el prójimo; si das lo que puedas, es suficiente.
- Sé limpio de corazón.

Ejercicio 2

Día 1: Mírate en el espejo por la mañana y comprométete a regalar tu mejor sonrisa a las personas con las que interactúes durante el día.

Día 2: Mírate en el espejo y comprométete a ser agradecido con cada una de las personas que te preste algún servicio.

Día 3: Busca un lugar tranquilo de la casa y un sillón cómodo. Siéntate, cierra los ojos y haz tres respiraciones profundas. Intenta recordar a aquellas personas que hace tiempo que no llamas o no prestas atención, así sean amigos, parientes o vecinos. Si están cerca les visitarás o harás una llamada telefónica amable para saludar y mostrar afecto. Si están lejos, les enviarás un *email*, interesándote por ellos.

Día 4: Colócate en un sillón cómodo con una libreta y un bolígrafo y haz una lista de aquellas personas con las que tienes diferencias y discrepancias. Después cierra los ojos y una a una las iremos visualizando, entonando palabras de perdón y reconciliación.

Día 5: Mírate al espejo y comprométete contigo mismo para hacer pequeños favores y gestos de ayuda a las personas con las que interactúes. Por ejemplo: cederás el asiento en el bus a alguien que lo necesite más que tú. Dejarás pasar a alguien que tenga pocos productos en la cola del supermercado, etc.

Día 6: Mírate en el espejo del baño y reconoce al Gran Ser de Luz que hay en ti. Comprométete a escuchar tus necesidades de descanso, relax y a ser más amable contigo mismo durante todo el día.

Día 7: Repite: Hoy repasaré todos mis anteriores compromisos con el prójimo, e intentaré ponerlos en práctica todos juntos durante el día.

Al hacer este ejercicio y realizar las prácticas que te propone habrás sembrado una buena cosecha, que te dará sus buenos frutos en un futuro cercano.

Ejercicio 3

Recuerda alguna situación en la que esperabas el cumplimiento de algo y, como de la nada, te llegó. Recuerda la emoción que sentiste, y una vez hayas registrado este hecho, entenderás que los milagros no son imposibles de lograr, que las casualidades no existen y que tú eres un manifestador de milagros, pequeños y cotidianos. Desde este entendimiento, los milagros se multiplicarán para ti.

Una manera de registrarlos es enumerar los que recuerdes en una lista como hizo Georges Perec, que era un gran creador, que escribió un texto famoso que en francés se titula *Je me souviens* y que se tradujo como *Me acuerdo de…*, y que si tú también confeccionas, le mandas así la información a tu subconsciente, de modo que potencializas tu poder al hacerlo consciente. Algunos «Me acuerdo», de Perec, son estos:

64 Me acuerdo de lo agradable que era estar enfermo en el internado e ir a la enfermería.

68 Me acuerdo de la época en la que eran necesarios muchos meses, e incluso más de un año de espera, para tener un coche nuevo.

136 Me acuerdo de cuando volvíamos de vacaciones, el 1 de septiembre, y de que todavía quedaba por delante un mes entero sin colegio.

143 Me acuerdo de cuando creía que las primeras botellas de Coca-Cola —las que bebieron los soldados americanos durante la guerra— contenían benzedrina (y que yo estaba muy orgulloso de saber que era el nombre científico del Maxiton).

160 Me acuerdo de que los ciclistas tenían una cámara de repuesto enrollada en ocho alrededor de los hombros.

211 Me acuerdo de un queso que se llamaba «La Vaca Seria» («La Vaca que Ríe» los llevó a juicio y ganó).

PODER 7

DE LA FELICIDAD

*Si hacemos de la felicidad nuestro objetivo primordial,
en vez de nuestro objetivo secundario, podemos lograr fácilmente
lo que deseamos.*

DEEPAK CHOPRA

*Busca primero el reino de los cielos, y todo lo demás te será
dado por añadidura.*

JESUS EL CRISTO

L a felicidad es la llave para que todo ocurra, y no al revés. Así, dice Jesús el Cristo: «El que da al pobre, le presta a Dios». Manos que no dan, ¿qué esperáis recibir? El camino para recibir es dar, y ese es el de la felicidad.

En la cábala, la felicidad se nombra con distintas palabras que apuntan a distintos significados. El que nos interesa es *simjá*, que representa la felicidad que es interna y continua. Un estado de ánimo que es del alma y perdura en el tiempo. Etimológicamente, es la fusión de dos palabras: *sham*, aquí, y *moaj*, cabeza. Es la felicidad que llega cuando aspiras a un fin significativo y trascendente.

Todos los pensadores se posicionaron ante la felicidad y nos permiten dar un paso más en torno a su vinculación con la prosperidad y la riqueza. En este sentido, coincido con Sócrates, para quien, como para muchos de los filósofos griegos, la felicidad es el objetivo principal de la existencia: decía que solo se alcanza y digna de ser disfrutada por el camino recto o por la vía de la virtud.

Y estas últimas, cada una por alguna razón, te resonarán seguramente con la práctica que te propongo en los distintos ejercicios:

De Séneca: «Las mayores bendiciones de la humanidad están dentro de nosotros y a nuestro alcance».

De Epicteto: «La felicidad solo puede ser hallada en el interior».

De John Locke: «Los hombres olvidan siempre que la felicidad humana es una disposición de la mente y no una condición de las circunstancias».

De Sören Aabye Kierkegaard: «La puerta de la felicidad se abre hacia dentro, hay que retirarse un poco para abrirla: si uno la empuja, la cierra cada vez más».

De Immanuel Kant: «La felicidad no es un ideal de la razón, sino de la imaginación».

Si te animas, escribe aquí qué es para ti la felicidad una vez que consigas tu deseo:

Pero el placer y la felicidad son distintos

«El placer puede venir de la ilusión, pero la felicidad solo viene de la realidad», como dice Nicolás Chamfort.

Según nos muestra la ciencia, el placer acompaña a la felicidad, pero la felicidad es más espiritual que el placer, ambos son producto de distintas sustancias cerebrales.

Generalmente, se suele confundir con la felicidad; sin embargo, es una felicidad momentánea que depende de acontecimientos y experiencias externas. Pero la felicidad es duradera y depende del plano espiritual.

Veamos.

El **placer** se vincula a la dopamina. Está relacionado con las experiencias placenteras de los sentidos. La dopamina es un neurotransmisor que libera el cerebro, y produce el placer que se siente, no solo en las adicciones (que sería su aspecto negativo), sino cuando consigues un gran logro o una ganancia (que sería su aspecto positivo). La liberación de dopamina te permite aceptar ese propósito como algo placentero. Con nuestros logros o cuando nos enamoramos, nuestro cerebro libera dopamina y nos genera una sensación de bienestar, placer o incluso euforia.

La **felicidad**, en cambio, está vinculada a la serotonina, no adictiva, y tiene un efecto a largo plazo. A diferencia de la dopamina, la serotonina no tiene efectos estimulantes en el cerebro, por lo que solo puede ser inhibitoria: te hace estar tranquilo o de buen humor y ayuda a regular el apetito, el ciclo del sueño inhibe la violencia y reprime el dolor. Muy importante en el tema que nos ocupa: la felicidad incita a dar y a compartir.

En este sentido, para Aristóteles, hay un placer propio de cada uno de nuestros actos en particular. Así, hay placeres más o menos elevados, y hay que dar preferencia a los del alma frente a los del cuerpo.

Y, sobre todo, como ya señalé antes, recuerda que el placer se vincula con el tomar y la felicidad con el dar.

Un cuento ilustrativo

Sobre el dar, de Kahlil Gibran (fragmento)

Un hombre rico preguntó: ¿Qué nos dices del dar?

Y él expresó:

Es muy poco lo que das cuando entregas posesiones.

Es al darte a ti mismo cuando realmente ofrendas algo.

Pues, ¿qué son tus bienes, sino cosas que atesoras y custodias por temor a necesitarlas luego?

(...)

Hay quienes dan con alegría y para ellos esa alegría es la recompensa, pero hay los que dan con dolor y en esa pena se bautizan. Otros dan sin conocer del don, el dolor o la alegría, y no son conscientes de la virtud de su entrega; ellos dan como en el valle el mirto esparce su fragancia en el espacio.

Es por las manos de estos que Dios habla y desde cuyos ojos sonríe para el mundo. Es bueno dar cuando nos han pedido, pero mucho mejor es dar sin demanda y al haber comprendido la necesidad. Para una mano generosa la búsqueda de quién recibirá es un gozo aún más grande que el de dar en sí. ¿Y es que existe acaso algo con lo que puedas quedarte?

Todo lo que tienes algún día será donado. Por tanto, aprende a dar ahora, y el tiempo de la entrega te pertenecerá a ti y no a tus herederos. Has dicho a menudo: «Me gustaría dar, pero solo a quien lo merece». Pero nunca han dicho eso los árboles de tu huerta ni el rebaño de tus prados.

Ellos dan para poder vivir, pues retener es perecer. Recuerda que el que ha sido digno de recibir los días y sus noches, digno es de recibir cualquier cosa que puedas darle. Recuerda que el que ha merecido beber del océano de la vida merece llenar su copa de tu pequeño arroyo.

¿Y hay acaso mayor mérito que el que reside en el valor y la confianza y no en la caridad de recibir? ¿Y quién eres tú acaso para que otros hombres rasguen su pecho y desvelen su orgullo para que puedas ver su merecimiento y su valor desnudo? Pregúntate primero si mereces ser quien da y ser instrumento del dar. Porque en realidad es la vida misma la que otorga, y tú, que pretendes ser dador, no eres más que su testigo. (...)

De mi padre

Precisamente, en los momentos que mi padre daba el dinero, que tanto le costaba ganar cada día, lo mejor era su sonrisa y la sensación de felicidad que transmitía.

Definitivamente a mi padre le hacía muy feliz dar, ha sido el hombre más generoso que conocí, el más positivo y trabajador.

Él no lo sabía, pero a mí me transmitió también, con su ejemplo, sus actos y sus palabras, que la felicidad que se siente al dar es inigualable, y esa sensación no me ha abandonado nunca.

Gracias a él, fui capaz de entender que venimos a este planeta para descubrir quiénes somos.

Por lo tanto, te digo que al desarrollar tu conciencia puedes descubrir que eres uno con el todo y así puedes encontrar la conexión con la fuente manifestadora de todo lo que puedas necesitar.

Tus pensamientos y tus sentimientos están íntimamente ligados. Si cambias tus pensamientos acabarás por cambiar tus sentimientos.

Para ello, registra y elimina los pensamientos inútiles. Si son habituales para ti, creerás que son necesarios y seguro que ocupas buena parte de tiempo con pre-ocupaciones en lugar de ocupaciones, comparándote con otros, conjeturando lo que no es, cuando en realidad lo que estás haciendo es perder el tiempo y la energía que deberías ganar centrándote en tu propósito y alcanzarías así la verdadera felicidad.

Si dependes del exterior para ser feliz, siempre tendrás miedo de perder lo que te proporciona la felicidad, sentirás miedo a perder lo que tienes y no serás libre. La felicidad que depende del exterior no es la verdadera felicidad; es escurridiza y hace que digamos: «soy feliz porque tengo una familia», «soy feliz porque tengo un buen trabajo», «soy feliz porque tengo dinero».

Pero esa felicidad es efímera, porque no depende de nosotros y, en el momento que nuestro exterior cambia, nos sentimos infelices.

O sea, que tener todo, como ya te lo advertí en las primeras páginas de este libro, no conduce automáticamente a la felicidad, sino que el proceso es el siguiente:

**Primero, aprende a ser felíz. A continuación,
llega la abundancia del todo.**

CONCLUSIÓN

¿Qué es primero, el huevo o la gallina?

Si hablamos de prosperidad, manifestación, milagros y regalos del Universo, parece ser que el camino para encontrarlos es buscar en nuestro interior, conectar con nuestra conciencia con nuestro Ser y emitir la frecuencia adecuada para sentirnos felices.

La felicidad es un estado que nace en nuestro interior y que no depende de las circunstancias externas.

En ese estado de felicidad puedes establecer una conexión perfecta con la fuente manifestadora y empezar a recibir milagros y prosperidad sin límites, porque esta conexión te hace capaz de crear.

Un caso de mi consulta

Cuando Alberto vino a verme estaba en tratamiento por depresión, llevaba dos años medicándose con un psiquiatra y, según me dijo, cada vez se encontraba peor. Me explicó que se sentía vacío por dentro, como si tuviera un hueco en su corazón.

Debido a su estado, se había quedado sin trabajo y no se sentía con fuerzas para conseguir otra oportunidad laboral. Era un buen ingeniero informático, pero su estado de ánimo estaba por los suelos.

En este caso, decidí trabajar con el poder de la felicidad. Tenía que lograr reprogramar su mente acerca de la vida y de sus posibilidades, y lograr que fuera una persona más feliz. Así aumentaría su frecuencia vibratoria y se sentiría mejor, daríamos la vuelta a su depresión, la negaríamos y así en poco tiempo podría sentir la fuerza de su energía positiva, atrayendo para él las mejores oportunidades en el ámbito laboral, y en todos los aspectos de su vida.

Para motivarlo le leí la frase de Jesús el Cristo que nos invita a buscar primero la felicidad y la paz emocional para que nos convirtamos en un imán para todo lo demás que queramos o necesitemos atraer. A continuación, le recordé las actitudes y maneras de funcionar que irían aumentando su vibración y le permitirían alcanzar la libertad y la felicidad que provenía de la conexión con la fuente:

— el control mental y el pensamiento positivo
— los decretos y la fuerza del Yo Soy
— practicar la magia de la imaginación y de la anticipación
— la gratitud
— el poder de los milagros
— el poder del dar al otro lo mismo que te gustaría que el otro te diera a ti.

Le pedí que ignorara como se encontraba y que empezara a negar su enfermedad con estos tres decretos:

Yo Soy la perfecta salud física, mental y espiritual de mi cuerpo.
Yo Soy feliz en todas las situaciones y momentos de mi vida.
Yo Alberto disfruto la vida con cada paso que doy.

Además, cada día por la mañana y por la noche, tenía que encontrar un lugar cómodo en su casa, cerrar los ojos y empezar a imaginar que se sentía feliz y que disfrutaba la vida. Tenía que sentir y recrear todo lo que haría y sentiría cuando fuera feliz.

Tenía que imaginarlo con su mente y sentirlo con su corazón como si ya fuera una realidad en su vida durante un mes.

Así, tras la práctica, su cerebro empezó a trabajar para él, dejó de segregar adrenalina y cortisol, que le hacían sentir ansiedad, y empezó a emitir a su torrente sanguíneo serotonina, oxitocina y hormonas de la felicidad, que poco a poco hicieron el milagro y empezó a sentirse mucho mejor. Llevaba tanto tiempo sintiéndose mal que no daba crédito a su nuevo estado. Hasta que en su última visita al psiquiatra, este le graduó la medicación, reduciéndosela hasta llegar a no tomar nada.

El entusiasmo, la ilusión y la alegría habían empezado a formar parte de su cotidianidad, y le hacían sentir muy bien y con más confianza. Envió currículums, tuvo entrevistas, y en unas pocas semanas había encontrado un trabajo como ingeniero informático en una gran empresa, que además le permitía viajar y desplazarse por todo el país, para encargarse del mantenimiento de los sistemas informáticos de diferentes clientes. Su conexión con los poderes le había cambiado la vida y era feliz de nuevo.

Así sucede cuando aumentamos nuestra frecuencia vibratoria, nos convertimos en un imán para atraer todo lo bueno a nuestra vida.

Recordatorio final

Llegados a este punto, ya te habrás dado cuenta de que tener conciencia de escasez crea pobreza, y tener conciencia de abundancia es el inicio para crear prosperidad.

Es de suma importancia modificar conceptos y creencias acerca de quién eres tú. No son hechos aislados los que te conducen a la prosperidad, sino un entretejido de tu mundo interno y externo. La prosperidad bien entendida consiste en usarla sabiamente para que redunde en el bien común y se refiere, sobre todo, al crecimiento personal, al tesoro de sabiduría que acumula el buscador desprendido, a la libertad que otorga el desapego, a la felicidad de vivir desentendido de los bienes materiales.

Déjate sentirte feliz por la abundancia que tendrás, porque vendrá, como dice Natalie Ledwell.

Para ello, empieza a pensar que cualquier cosa que te ocurra es una oportunidad perfecta para solucionarla desde tu parte más invisible y espiritual: cambia tu pensamiento acerca de tu realidad y tu realidad cambiará.

Por consiguiente, tal como has comprobado a lo largo de este libro, si lo haces con la energía suficiente, tu sistema se alinea y se pone en coherencia con el hecho que quieres lograr; en este caso, ser próspero. Si lo imaginas como un hecho realizado, tu cerebro lo recibe como algo real. Se sabe que los astronautas suelen utilizar su imaginación para visualizarse a sí mismos logrando sus metas.

Las visualizaciones recalibran tu sistema nervioso y tu estado de ánimo, elevan tu vibración y la dirigen hacia la prosperidad que quieres manifestar en tu vida.

Retomo nuevamente las palabras de Buda: «La máxima victoria es la que se gana sobre uno mismo».

Interiorizar el contenido de estos capítulos te permitirá manifestar la abundancia de manera natural.

Por haber llegado hasta aquí, y como dice Earl Nightingale: «Estás, en estos momentos, parado en medio de tu propio depósito de diamantes». Alégrate, pues.

Agradecimientos

Agradezco de todo corazón a Ediciones Urano, que sigue confiando en mí y me apoya para que pueda cumplir con mi misión de escribir y transmitir lo que he de comunicar al mundo.

A mi editora y amiga, Esther Sanz, escritora e intuitiva mujer, por creer en mí y ayudarme a manifestar este maravilloso libro.

A todo el equipo de Ediciones Urano, especialmente a Joaquín Sabater, por confiar en mí; a Luis Tinoco, por su maravillosa portada, al personal de imprenta, comerciales, equipo de comunicación y a todas las personas que forman parte de la cadena de producción y distribución.

A todos ellos, gracias, gracias, gracias.

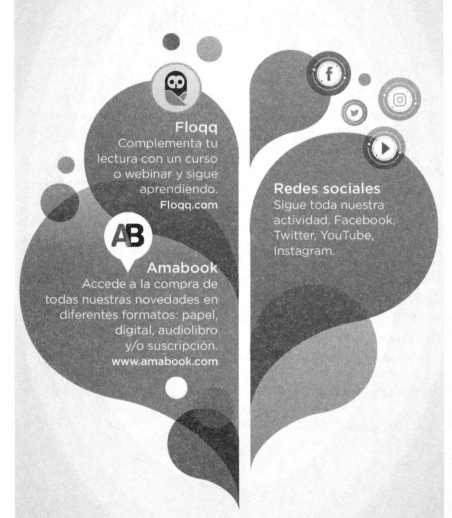